바다로 가는 길

바다로 가는 길

김행숙 신작에세이집

수필과비평사

■ 책머리에

  여기에 실린 작품들은 내가 십여 년 동안 쓴 수필을 모은 것이다.
  어떻게 보면 나의 편협한 시선으로 세상에 잣대를 들이댄 내 사유의 조각들일 수도 있다.
  그래서 이후로는 좀 더 넓은 시선이 필요할지도 모르겠다.
  이십 년 동안 매일 시만 생각하며, 보다 좋은 시를 쓰기 위하여 노력해 왔지만 그러나 아직도 좋은 시를 쓰기란 요원하기만 하다.
  그러던 차에 수필을 만났다. 수필다운 수필을 써 보려 하니 그 또한 도통 잡히지 않는다. 산 넘어 산이라는 아득한 마음이 되어 수필이라는 거대한 산맥 앞에 우두커니 서 있으려니 여전히 가슴 깊은 곳에선 못다 한 이야기들이 머리를 든다.
  수필이든, 시든 열심히 써 보자고 나를 다독이면서 이 작은 책을 세상에 내보낸다.

2014년 여름

金幸淑

■ 차례

책머리에 • 5

1부
천천히 오는 행복

바다로 가는 길 • *13*
느티나무 동네 • *18*
내 꿈은 주황색 • *22*
영미엄마 리허설 • *26*
한적을 데려오다 • *30*
이제 다시 시작입니다 • *34*
천천히 오는 행복 • *39*
산야를 가로질러 • *43*
만나야 할 사람들 • *47*
세상을 사는 법 • *53*

2부

겨울 산길에서

겨울 산길에서 • *59*
흙가슴 • *64*
민들레 사랑 • *68*
6월 숲에서 • *73*
꽃으로 필 수 있다면 • *76*
청춘을 향하여 • *80*
눈물을 흘립시다 • *84*
낯선 곳을 향하여 • *88*
아름다운 별을 찾아 • *93*
묵향으로 마음을 긋다 • *98*

3부
내 잔이 넘치나이다

오지 않은 딸에게 • *105*
유모레스크(Humoresque)의 추억 • *109*
내 잔이 넘치나이다 • *113*
숲 속에 두 갈래 길이 있었습니다 • *118*
바로 지금 나이 • *124*
오래오래 흔드는 손 • *128*
어머니, 우리 노래 불러요 • *133*
플라타너스 잎사귀 사이로 • *139*
향기로운 시간 • *143*
토토 이야기 • *147*

4부

그리운 사람들

테마는 사랑이었다 • *153*
다음은 무슨 역일까요? • *157*
성자, 수도사 안드레이 • *160*
무녀리 • *164*
고독한 새 • *167*
끝없는 도전 • *171*
잊혀진 시인을 찾아서 • *175*
봉근 동창 • *183*
어느 봄날 • *188*
청소를 부탁해 • *192*
그리운 사람들 • *195*

5부
내 가슴에 기름을 채워

햇빛이 찬란한 곳 • *203*
갈대와 야생화의 다랑쉬오름 • *209*
흥망이 유수하니 • *213*
매물도 봄 바다 • *218*
옥녀봉 휘파람새 • *222*
청량산과 이퇴계 • *228*
수평선과 구름기둥 • *233*
밀야츠 강은 말없이 흐르고 • *236*
성 프란치스코를 만나러 아시시행 기차를 타고 • *242*
내 가슴에 기름을 채워 • *248*

■ **발문 | 이향아** (시인·수필가·호남대 명예교수)
'주황색' 꿈으로 타오르는 등잔 • *253*

1부

천천히 오는 행복

바다로 가는 길

유년 시절을 남쪽 바닷가에서 지낸 적이 있습니다. 공무원이셨던 아버지께서 근무처를 옮길 때마다 이사해야 했고 옮겨 다녔던 초등학교도 여러 군데입니다.

아주 어렸을 때 제주에 간 나는 서귀포 초등학교에 입학한 것을 시작으로 제주시, 부산, 거제, 마산, 양산을 거치는 동안 나는 바다와 함께 어린 시절을 갖게 되었고 그래서 검푸른 물결과 하얀 등대가 정겹던 푸른 바다를 늘 그리워하게 되었나 봅니다. 바닷가를 뛰어다니며 놀던 어린 날을 지나, 배화여중에 입학한 후 줄곧 서울에서만 살아온 터에 가끔 바다에 가는 길은 호사로운 일이었습니다.

언제나 바다에 가면 반가운 어머니처럼 감싸 안는 충만 때문에 마음은 더없이 넉넉해지곤 했습니다. 도회지 생활에서 삭막해진 마음을 말끔히 씻어주었고 막힌 생각들의 물꼬를 터주기도 하였습니다.

바다와 함께 자라온 내가 바다를 떠나 산 지도 참 오래되었습니다. 성인이 되어 여유가 생긴 다음부터 나는 봄이 오면 배를 타러 바다로 가곤 했습니다. 뭔가를 하고 싶은 일 중의 하나로 손꼽다가 그대로 끝날지도 모른다는 조급함이 어느 날 스스로에게 선언하게 했는지도 모릅니다. 내가 다른 사람에 비해 조금이라도 다른 것이 있다면, 그것은 바로 무모한 용기가 아닐까 합니다. 하루하루 넘기며 쌓이는 일거리에 주저앉아 있는 건 너무 답답한 일입니다. 나는 평소에 내가 하고 싶었던 일 중에서 쉬운 것부터 하기로 작정하였습니다. 그중의 하나가 배를 타고 바다로 가는 일이었습니다.

동해 바다는 탁 트인 수평선이 끝없이 펼쳐진 채 싱그러운 일출이 있어서 좋고 남해 바다는 옹기종기 아름다운 섬들이 그림같이 떠있어서 정겹습니다. 서해 바다는 생명의 창고인 개펄을 펼쳐놓은 채 그 위로 떨어지는 낙조가 환상적입니다.

작은 땅덩어리이지만 나름대로 특징이 있는 삼면의 바다 어느 곳이든 넓은 가슴으로 회오리치는 파도 속에 나를 내맡기고 안기는 시간이면 푸른 향내의 일렁임을 깊이 들이마시곤 합니다. 오염된 폐부 깊숙이 바다의 냄새를 담아봅니다. 나는 자유가 허락하는 한 자주 배를 탈 생각입니다. 섬에서 섬을 돌아다니는 정기선이든 쾌속정이든 고기잡이배든 상관없겠지요. 바위에 부딪는 큰 파도가 우레 소리를 내며 부서지는 끊임없는 도전의 세계, 나는 그 끊임없음이 좋습니다.

가도 가도 끝없는 수평선. 무진장의 푸른 물결 위에 나를 싣고 다만 물결 따라 흔들릴 뿐인 순간, 마음은 너무나도 평안함을 느낍니다.

땅 위의 잡다한 것들로부터 떠나와 배를 타고 바다로 나가는 길은 언제나 가슴 두근거리게 합니다. 낚시를 드리워도 고기 한 마리 잡히지 않을 때가 허다합니다. 그래도 어떻습니까. 갈매기의 날갯짓과 물결 위로 내려앉는 햇살, 짠내 나는 신선함이 가득한 망망대해, 나는 거기에서 절대자의 큰 손을 만나곤 합니다. 작고 작은 나의 존재를 깨닫는 순간이기도 하구요.

물살을 가르며 달려가는 작은 통통배로 멀리 수평선이 진해지는 한낮까지 흔들리며 갈 때도 있습니다. 끝없이 작은 파도들과 부딪치며 삶의 잡다한 것들을 허공으로 내던져 버리는 일 그 후련함을 갈망하기 때문인지도 모르지요.

수면 아래로 펼쳐져 있는 또 하나의 세상은 또 얼마나 경이로운 세계인지요. 언젠가 잠수함을 타고 바닷속을 관찰한 적도 있고 또 스킨 스쿠버와 장비를 한 채 물고기와 함께 바닷속을 유영하였습니다. 바닷속에서 올려다보면 수면은 영락없는 하늘이었습니다. 구름이 떠가는 하늘이 아니라 바람과 파도에 따라 움직이는 물결치는 하늘이었습니다.

그리고 또 물속은 얼마나 고요한지요. 아무런 소음도 없는 물속에서 각자 나름대로 열심히 사는 세상이 그곳에 있었습니다. 꽃보다 아름다운 산호초와 갖가지 무늬의 물고기가 공존하고 무리를 지어 움직이는 물고기 떼는 마치 매스게임을 하는 것 같았지요. 말미잘 속을 파고드는 흰동가리를 보며 오묘한 조물주의 섭리를 느꼈습니다. 일사분란하게 유영하던 붉은 세줄박이 고기떼가 커다란 유니콘 피시 한 마리가 덮치자 혼비백산하는 모습도 보입니다.

그곳에도 강약의 생존 경쟁은 있었지만 땅 위의 세상보다 훨씬 평화로워 보였습니다. 아름다운 물풀들과 산호 숲 그리고 바위가 어우러진 바닷속에 또 하나의 세상이 존재하는 것을 바라보며 눈에 보이는 것만이 다가 아니라는 것을 깨닫게 되었지요.

바다는 우리에게 많은 것을 줍니다. 갈매기의 날갯짓과 수면 위로 내려앉는 햇살, 먼지 하나 없는 신선함이 가득한 망망대해,

그것은 나의 고향과도 같은 것입니다.

   그물 던지는 뱃사람들의 힘찬 팔뚝, 구릿빛 얼굴, 영차 소리와 휘파람 소리 그런 것들에 섞여 만선으로 돌아올 때의 풍요로움은 마음을 들뜨게 합니다. 그러나 때로는 빈 배로 돌아오기도 합니다. 그것도 아주 나쁘지는 않습니다. 탐욕과 불평을 모두 비우고 한결 가벼워져서 오니까 괜찮을 겁니다. 결국 세상 모든 것이 아무것도 아님을 바다는 우리에게 침묵으로 가르쳐 주고 있다는 걸 또 한 번 느낍니다.

   물새의 날갯짓이 바다 위를 오가는 것처럼 우리도 세상을 오가며 덧없는 몸짓만 계속하고 있음을 바다는 거울처럼 선명하게 보여줍니다.

   부서지며 다시 물결로 돌아가는 파도처럼 사람들이 제 아무리 높은 것을 향해 평생을 줄달음친들 그가 얻는 것은 결국 한 줌의 물결뿐임을 도도한 저 바다는 말없이 들려줍니다.

느티나무 동네

　　　우리 동네 어귀에는 커다란 느티나무 한 그루가 있다. 처음 이 동네에 왔을 때도 유난히 그 나무가 눈에 띄었다. 보호수로 지정되어 수령 육백 년 된 나무답게 그 아래 둥치는 거대하다. 또 느티나무에는 병충해도 없으니 사람들은 안심하고 느티나무의 그늘을 찾았다. 그때 나는 여기는 분명 오래전부터 동네를 이루고 살던 곳일 거라는, 그러니 사람 살기 좋은 동네일 거라는 생각이 들었다.
　　검은색 울퉁불퉁한 나무의 껍질은 툭툭 불거져있다. 천변을 산책하다가 이 우람한 나무의 둘레를 알기 위해 다섯 명이 팔을 잇는 대로 뻗어 보았다. 나무둘레가 5m도 넘을 것 같았다. 높이는 18m라고 한다. 이 나무를 볼 때마다 삼천 년을 산다는 아프리카에 있는 바오밥나무가 생각난다.

느티나무 검은색 등걸에 자잘한 잎사귀가 많이 달린 가지가 하늘을 가리고 있다. 사람들은 그 아래 벤치에 앉아서 쉬다가 간다. 지난번에는 하굣길의 여학생들 대여섯 명이 앉아 오카리나를 불고 있었다. 아름다운 선율은 냇물과 어우러져서 잔잔하게 흘렀다.

밑으로 쳐진 가지에 줄줄이 약병이 꽂혀 있고 늘어진 맨 아래 둥치에는 대여섯 군데를 쇠기둥으로 고정해 놓았다. 쇠기둥이 느티나무 큰 둥치를 받치고 있는 모습에서 나는 유구한 세월 희로애락을 안으로 다스리고 있는 노쇠한 수도자를 생각하였다.

느티나무 밑에 가면 나는 말하기를 멈추고 그 위용에 눌려 침묵하게 된다. 벤치에 앉아서 주의 깊게 들여다보니 그 가지에 집을 짓는 새들은 없었다. 느티나무는 유난히 성장이 빠르기 때문에 새가 집을 짓기에는 나뭇가지가 너무 여릴지도 모른다는 생각이 든다. 짙푸르게 울창한 꼭대기에는 반짝이는 새잎이 빼곡해서 하늘도 잘 보이지 않는다.

옛날부터 느티나무의 잎이나 가지를 꺾으면 재앙을 입는다는 말이 있었다. 아마도 노거수들이 살아남을 수 있는 조건이 여기에 있는지도 모르겠다.

고향집 동구 밖에도 커다란 정자나무가 있었다. 6·25때에도 수많은 살상과 비극이 있어서 사람들이 겪은 질곡의 역사를 고스란히 가슴에 지니고 살아왔을 나무.

그때는 마을 어른들이 정자나무 아래에서 장기나 바둑을 두어 무료함을 달래곤 했을 것이다. 앞날의 희망을 바라며 암담하던 시절을 견디던 우리 할머니 할아버지의 삶이 느티나무 둥치에 생생하게 녹아있을 것이다.

나는 정현종 시인의 〈나무〉를 생각하며 나무의 마음이 되고자 했다.

나무들은/ 난 그대로가 집 한 채/ 새들이나 벌레들만이/ 거기 깃들인다고 사람들은 생각하면서/ 까맣게 모른다 자기들이 실은/ 얼마나 나무에 깃들어 사는지를

언덕배기 한가운데 상서로운 기운이 흠뻑 느껴지는 건 푸른 잎으로 꽉 차게 덮여서일까. 육백 년을 서서 기다려 온 나무는 싹을 틔우고 꽃을 피우고 열매를 맺으면서 살아왔다. 이제 그 기다림의 자세를 사람들에게 주기 원할 것 같다.

몇 달 전 이 동네에 '느티나무 마트'가 생겼다. 느티나무 근처

공간에 커다란 건물을 짓기에 무슨 관공서가 생기나 했더니 몇 달 후 대형마트와 주차장이 들어선 것이다. 다른 어떤 관공서가 들어선 것보다 주민들이 반색하고 나섰다. 더구나 〈느티나무 마트〉에서는 모든 농산물을 도매시장보다 싸게 판단다. 요즘 옆 동네까지 소문이 나서 장 보러 오는 사람이 늘고 마트는 항상 북적댄다.

　오늘은 비가 내린다. 비가 그친 다음이면 나무는 더 윤기가 나고 행복해 보일 것이다. 맑은 내가 흐르고 물잠자리가 날아다니는 이 동네에 새로운 아파트단지가 들어선 것은 아마도 이 느티나무를 중심으로 하여 조성되지 않았을까?

　산책할 때마다 나는 나무 밑으로 흘러가는 시간의 소리를 듣듯 그렇게 명상에 잠긴다. 그러면서 백 년을 못사는 인생이 육백 년간 살아온 나무에게서 얻을 지혜가 한둘이 아님을 생각한다.

내 꿈은 주황색

    십여 년 전 상트페테르부르크의 에르미타주 미술관에 갔었다. 그 당시 사람들은 살기 어려운 듯 보였지만 과거의 러시아 문화는 놀라웠다. 러시아가 그토록 대단한 문화를 간직하고 있을 거라고는 생각하지 못했었다. 에르미타주 미술관에서 앙리 마티스의 〈춤〉과 〈음악〉을 보았다. 녹색과 파랑 바탕에 주황색으로만 표현된 사람들이 춤추는 동작은 나에게 인상 깊은 것이었다.
  마치 강강술래하는 여인들을 연상케 했다. 그림에 나타난 인물들은 모두가 간단한 선으로만 그린 역동적인 느낌을 준다.
  주황은 밝음의 색, 희망의 색이며 다툼이나 분쟁이 없는 상생의 색이다. 인도의 승려들이 주황색 승복은 입는 것도 그것이 지혜를 상징하는 색이기 때문이란다.

　주황은 빨강의 격렬함과 노랑의 즐거움이 혼합된 색이다. 빨강의 화려함으로 강한 에너지를, 노랑의 따스함으로 안정되고 평화로운 느낌을 준다.

　마티스는 행복한 낙원을 그릴 때 주황색을 즐겨 썼다고 한다. 주황은 따스한 행복감을 주며 마음을 치유하는 효과를 주는 색이다. 주황색을 좋아하는 사람은 재치가 있으며 친절한 미소로 유창한 언어능력을 발휘할 줄 안다고 한다.

　주황은 술 한 잔에 흥겨워서 콧노래를 부르는 주신酒神 디오니소스의 색이기도 하다. 그러므로 즐거움의 색인 동시에 행복의 색이라고 할 수 있다.

　색채학자 비랜은 주황색을 일컬어 즐겁고 생동감이 있으며 에너지가 넘치는 활력의 색이라고 했다. 우울증을 앓고 있는 이에게 당근 주스를 권하면 좋다고 하는 것도 단지 영양분 때문만은 아닌 것이다. 끝도 없이 너른 밭에서 당근을 채취하는 풍경은 보기에도 아름답다.

　검은 흙 사이로 붉은 당근이 뽑혀 나올 때 그 싱그러움을 어떻게 말하랴.

　울타리에 줄줄이 핀 능소화의 이국적인 탐스러움도 빼놓을 수 없다.

사십여 년 전에 청와대를 방문했다가 당시 영부인에게 선물 받았던 스카프도 주황색이었다. 그분도 주황색을 좋아할 것이라고 생각하였다. 불의의 총격으로 돌아가던 시각도 황혼 무렵이었고 그의 부음을 받았을 때 하늘에는 온통 붉은 구름이 아름답게 깔려 있었다.

주황색을 좋아하는 마음을 가진 사람은 어머니의 따뜻함을 지닌 여성일 것이다. 대개 쾌활한 성격의 소유자로 누구와도 사이좋게 지내는 사교성을 가졌고 쉽게 사물에 감동하는 감수성도 지녔을 것이다. 한편, 조금은 사치스러운 색깔의 소유자이기도 할 것이다.

유아원에서는 빨강, 주황, 핑크, 노랑 순으로 조리한 음식을 주황색 그릇에 담으면 더 맛있게 느껴진다는 보고도 있다.

지난 주 늦가을, 시골 갔을 때 동네 어귀에 서 있던 감나무는 잎사귀가 다 떨어지고 주황색 감이 주렁주렁 달려 있었다. 그 감들은 투명하게 익어 파란 하늘과 대조를 이루며 내리쬐는 햇빛을 받아 찬란하게 빛났다.

한겨울에 제주도에서의 감귤은 초록빛 잎에 싸여 또 얼마나 신선하고 아름다웠던가! 가을에 서귀포에 가서 본 귤밭 풍경이 잊히지 않는다.

서해안에서 본 무창포의 커다란 햇덩이가 하늘을 물들이며 천천히 바닷속으로 가라앉을 때 신비한 광경에 취해 나도 모르게 바닷속으로 걸어 들어가고 있었다. 그 아름다운 낙조는 내 가슴을 주홍빛으로 뜨겁게 물들이고 있었다.

이렇게 세상에 있는 모든 것에 주황색이 더 해지면 세상은 따뜻해지고 활력이 느껴지고 살 만해지는 것이다.

영미엄마 리허설

안녕하십니까?
저는 1101호에 사는 영미엄마입니다.
이번에 제가 한전 아트홀에서 독창회를 열게 되었습니다.
그 전에 먼저 여러분을 모시고 리허설을 하고자 합니다.
분주한 생활에서 잠깐 벗어나서 저와 함께하신다면 영광이겠습니다.

장소: 1101호
날짜: 2010년 9월 6일 오후7시

아파트 엘리베이터에 벽에 붙은 색다른 광고가 눈을 끌었다. 그 알림판은 아래층에 사는 영미엄마가 같은 라인에 사는 주민들을 초대한다는 내용이었다.

잔잔한 감동이 내 마음에 물결쳐 왔다. 이웃과 나누려는 그 마음이 큰 소리로 와서 나를 흔들어 깨우는 듯했다. 가끔 엘리베이터에서 만난 그녀가 떠올랐다. 40대 후반의 날씬한 몸매, 말없이 눈으로 인사를 건네며 미소 짓던 그녀가 성악가였다는 것을 그날 나는 처음으로 알았다.

그녀가 독창회를 위해 몇 달 동안 준비해온 레퍼토리를 발표하기 전에 같은 아파트 사람들에게 들려 주려는 열린 마음가짐을 보고 내심 가벼운 충격을 받았다.

아파트는 처음부터 이웃과의 단절을 의미하지는 않았을 것이다. 다만 공동생활에서 서로 이웃에 폐가 되는 일을 삼가다가 나중에는 아주 마음을 닫아걸게 되었는지도 모른다. 우리나라 사람 대다수가 아파트 생활을 선호하고 있다면 나름대로 소통의 문을 열어가면서 사는 지혜가 필요하지 않을까 생각한다.

이웃사촌이란 말이 정겨웠던 시절이 옛날로 지나가버렸다면, 이제는 현대에 맞게 정보를 공유하고 경제적, 시간적으로 협조하여야 한다. 그것이 우리의 삶을 훨씬 더 풍요롭게 하는 길이다. 특산물을 공동으로 싸게 구입해서 나누고 살림의 정보도 서로 나눈다면 우리의 살림은 훨씬 재미있어질 것 같다. 그날, 나는 친구와 저녁 약속이 되어 있었지만 그 약속을 미루고 1101호로 갔다. 간식을 사들고 가는 내 발걸음은 경쾌했다. 좋은 이웃과 함께 하는 저녁의 풍족한 시간을 만끽하고 싶었다.

에디슨이 그랬다던가. "재능이 있다면 그 재능을 사람들에게 보여줘라. 재능은 그러기 위해 있는 것이다."

현관을 열고 들어서자 열 명쯤 되는 낯익은 얼굴들이 인사를 했다. 드레스를 입은 영미엄마가 반갑게 나를 맞이했다. 이윽고 시간이 되자 피아노 반주가 울려 퍼지고 우리는 이내 잔잔한 노래의 바다로 빠져들었다.

모차르트의 〈조용한 웃음〉 로시니의 〈약속〉 푸치니의 〈사랑하는 나의 아버지〉 등 소프라노의 목소리가 가득 찬 거실에서 우리는 뜨거운 감동으로 행복했다.

노래가 끝나고 모두는 마음을 다해 박수를 쳤다. 그리고 차를 마시면서 덕담도 나누었다. 그중에 한 여자가 부끄러운 듯 얼굴을 붉히면서 말했다.

"발성연습이 시끄럽다며 몇 번 관리사무소에 컴플레인 걸었었어요. 미안해요."

"아! 네, 이해해요. 시끄럽죠, 참아 주셔서 감사해요."

"소프라노의 성함을 알 수 있을까요?"

"그냥 영미엄마로 불러 주세요. 별로 유명하지도 않은 걸요."

"전 옆집에 사는데 애들 공부 뒷바라지에 쫓겨 음악 들을 새도 없었어요. 앞으로 잃어버린 음악을 다시 찾아야겠어요."

우리는 유쾌하게 웃으며 저녁시간을 즐겼다. 모두들 이제부터라도 음악을 생활화하자는 데 동의했다. 그 일이 있고나서 나도 음악을 마음먹고 더 가까이하게 된 것 같다.

학교를 졸업하면서부터 마치 교양과목을 졸업한 사람처럼 살아왔다는 것이 마음에 걸렸다. 그것뿐인가, 내가 학창시절에 그렇게 좋아하며 쫓아다니던 미술전시회에도 겨우 일 년에 한두 번쯤 가고 있지 않은가!

요즘은 마치 클래식을 듣지 않으면 큰일이라도 나는 것처럼 내가 있는 공간에는 언제나 FM이 있다. 부엌에 있을 때도, 청소할 때도 언제나 음악을 듣는다.

어디를 가든지 우선 FM이 잘 나오는지부터 확인하는 버릇이 생겼다. 나도 모르는 사이 음악 팬이 된 것이다.

날마다 살아가는 세상, 거기 숨어 있는 아름다운 세계를 내 마음속에 모셔다가 간직하고 산다면, 특별한 보석 하나를 가진 것보다 나을 것이다.

그렇게 살아가는 동안 내 삶은 조금씩 조금씩 더 우아한 삶으로 변해 갈 것이다.

한적을 데려오다

　　　　향기로운 차를 마신다. 서로가 한가한 틈을 내어 친구와 차를 마시는 시간은 그 어느 때보다도 편안하다.
　창가로 흐르는 봄의 풍경이 다사롭다. 영산홍이 아파트 정원에 가득 피어 오후의 햇살 아래 눈이 부시다. 서너 명의 학생들이 하굣길에 은빛 나는 자전거 바퀴를 굴리며 신나게 지나간다.
　탄천으로 흘러가는 냇물은 경쾌한 소리를 내고, 햇살을 받으려는 나뭇잎들이 연두색 옷자락을 펼치고 있다. 창밖으로 내다보면 사람들이 어딘가로 바쁘게 간다.
　이런 시간에 친구와 나 두 사람이 느긋하게 앉아 차를 마시는 이 시간을 '행복' 외에 달리 부를 말이 없을 것이다.

찻잎을 우릴 때 여린 찻잎이 하나하나 피어나서 나부끼는 깃발같이 펼쳐진다. 문득 우리들 사이에 편안한 적막이 흐른다.

나는 이런 시간이면 새로 쓸 작품을 생각하곤 한다. 가슴속에서 어느 순간 튀어나오듯 갑자기 떠오르는 영감, 그것은 나를 긴장시킨다.

임어당은, 혼자 마시는 차는 속세를 떠남과 같고, 둘이 마시면 많은 사람이 곁에 있어도 한적한 세상을 느낀다고 했다. 서넛이 모여 차를 마시면 유쾌를 누림이고, 객인의 수가 많아지면 시끄러워 차의 고상한 매력이 없어진다고 하였다.

일곱 여덟 이상이 마시면 그 상황을 비꼬아서 박애라고 하며 그쯤 되면 풍미의 차이를 느낀다고 결론지었다.

같은 차 한 잔도 이렇게 몇 사람이 마시는가, 누구와 마시는가, 어떤 시간에 마시는가에 따라 그 맛이 달라지는데 오랜 친구와 둘이 앉아 마시는 이 시간이야말로 차의 맛을 가장 즐길 수 있지 않을까.

특별한 대화가 없어도 좋다. 평안한 상태에서 차를 나누노라면 서로의 가슴에 쌓인 상처도 보이고 평소에 눈에 익어 안 보이던 친구 얼굴의 주름살도 보인다.

이런 시간을 얻기가 왜 갈수록 어려워지는가. 아무리 바빠도 가끔은 틈을 내어 아무 용무 없이 마주 앉아 볼 일이다. 한때 나는 하릴없이 멍청히 있는 것은 시간 낭비를 한다고 생각했었다. 그러나 그 시간은 나를 일깨우고 내 인생에 놓치고 가는 그 무언가를 잡게 해 줄지도 모른다. 가끔은 찻집에 앉아 하늘을 하염없이 바라보아도 좋을 것이다.

흰 구름이 떠가는 하늘을 말없이 바라보고 내 마음도 구름 위에 얹어보면 살면서 얽힌 사람들 간의 갈등쯤은 나도 모르게 풀려버리는 것을 느낀다.

이렇게 세상과 화해를 하며 산다면 무엇엔가 부딪히고 불편하게 사는 것보다 훨씬 값진 삶을 살아갈 수 있을 것이다.

영국에서는 부인들이 오후 4시가 되면 거실이나 장미가 가득 핀 정원에 모여 차를 마시는 문화가 퍼져 있다고 한다. 그들은 간단한 간식과 함께 그야말로 느긋하게 홍차를 즐기기 위해 오후 4시라는 절호의 시간을 찾아낸 것이다. 여유롭게 담소하며 차를 나누는 동안 서서히 기우는 해가 차탁을 비추고 우아한 도자기 찻잔 속에는 붉고 향기로운 시간이 가득할 것이다. 상상만으로도 얼마나 멋진 일인가!

그들의 삶은 그렇게 하여 풍요로워졌다. 그들은 자신들의 인생을 더 아름답게 가꾸어 가기 위해 노력하는 것인지도 모른다.

오늘 우리가 서로의 시간을 비집고 만난 것은 잘한 일이다.

'바쁘다', '시간 없다', '나중에'라고 말하는 동안 소중한 가치들이 얼마나 많이 매몰되어버렸을까? 이제는 여유를 가져도 좋을 것이다.

 피차 말없이 나누는 한 잔 차도 좋거니와 정겨운 대화 또한 서로의 마음 밭을 기름지게 해 줄 텐데. 생각하면 공연히 쫓기면서 산다.

이제 다시 시작입니다

　　　　사람이 앞일을 모르고 산다는 것이 얼마나 큰 축복인지 모르겠습니다. 힘든 중에도 열심히 작은 행복을 가꾸고 키우노라면 이런저런 기쁜 일도 만나게 되고 보람 있는 일들도 생기는 게 아니겠어요? 그래서 끝없는 희망을 갖고 보이지 않는 날들을 향해 달려가며 때로는 환호하고 때로는 슬퍼하면서 기다림을 배우는 것일 테니까요.

　미래가 투명하게 눈앞에 보인다면 얼마나 살 맛 없는 세상이 될까요? 삶은 지나간 다음에야 길게 그림자 드리우듯이 그 모습을 뒤돌아볼 수 있게 하여서 오히려 여운을 줍니다.

몇 년 전부터 결혼식에 하객으로 참석하는 기회가 잦아지고 있습니다. 모든 결혼식은 다 아름다워서 저절로 경건해지곤 하는데요, 요즘 결혼식장에 갈 때마다 지나간 삶의 발자취를 뒤돌아보는 버릇이 생겼습니다.

어느 결혼식에서나 중요한 순서는 주례사일 것입니다. 보통 신랑 신부는 주례선생님이 당부하는 말씀을 그대로 모두 기억하지 못할 수도 있습니다. 잔뜩 긴장해 있으니까요. 더구나 수십 년 전 비디오도 녹음도 없이 치러진 결혼식에서 주례사 내용은 잊히기 십상이지요.

특별히 존경하던 김재준 목사님께서 그날의 신부인 나에게 주신 말씀을 기억하지 못하는 아쉬움 때문에 나는 결혼식에 참석할 때마다 주례사를 열심히 듣고 생각하는 버릇이 있습니다. 새 출발을 지켜보며 당부하는 간곡한 몇 마디가 참으로 소중한 것임을 젊은 신랑신부는 깨닫기 어려울 것입니다. 그러나 그들도 한동안 살아가다가 어느 날 누군가의 결혼식장에서 주례사를 가슴으로 듣는 날이 오게 될 것입니다.

오늘은 친구가 딸을 시집보내는 날이었습니다. 어려서부터 소녀시절을 같이 보낸 그 친구가 살아온 세월을 익히 알고 있는 처지라 하객으로 참석했으면서도 나는 반쯤은 신부의 어머니가 되어 애틋한 마음으로 결혼식 시종을 지켜보았습니다.

　우리들 세대가 다 그렇듯이 친구도 넉넉지 못한 시절의 신혼을 거쳐 어려운 삶의 질곡들을 지나왔습니다. 이제 정성껏 키운 딸의 결혼을 지켜보며 대견하고 한편 서운하기도 한 마음으로 손님을 맞고 있는 친구를 향해 작은 미소로 도울 수밖에 없었지요. 그러나 그의 수고로 이루어진 오늘을, 나는 누구보다 뜨겁게 축하하는 마음이었습니다.

　자녀를 낳아 삼십 년 가까이 양육하고 마침내 짝을 찾아 독립시키는 일 그 모든 일들은 대부분 어머니의 손길에서 비롯되는 일이니까요.

　자신의 결혼식 날 이후로 처음으로 많이 만나는 모든 친지 앞에서 자기가 살아온 삶의 결정을 펼쳐 보이는 행사가 바로 자녀의 결혼식이 아닐까 생각합니다. 지금까지 살아오며 만난 지인들, 친척들을 한 자리에 초대하여 그 앞에 서는 일은 오늘 그 친구도 처음인 것 같았습니다. 개혼이었으니까요.

　마침내 식은 끝나고 가족사진 촬영 순서가 되었습니다. 친척들까지 기쁜 얼굴로 합류한 그 사진 한 장은 오늘의 증명이 되겠지만 몇 십 년이 지나서는 신랑신부에게 소중한 추억 한 컷으로 남겠지요.

　그 자리에서 오랜만에 친구 남편의 모습도 보았습니다. 삼십 년 전 젊은 날, 내가 기억하는 늘씬한 청년은 간곳없고 지금은 대머리의 중후한 몸짓으로 환갑을 넘긴 모습입니다. 아직도 때로는 장난기 어린 소년 같다던 그가 오늘은 근엄한 얼굴로 연신 하객들과 악수를 나누고 있었습니다.

모처럼 곱게 치장한 친구의 얼굴도 행복해 보입니다. 젊은 날의 엄마를 그대로 빼닮은 친구의 딸이 아름답게 성장하고 오월의 신부가 되어 축복 속에 싸여있으니 가슴 뿌듯함을 느끼는가 봅니다.

자녀란 원래 부모에게는 어느 의미에서는 필생의 공들인 작품인가 봅니다.

그동안 살아온 나날을 펼쳐놓고 채점받는 것 같은 마음으로, 조금은 쑥스러운 얼굴로 친구는 환한 조명 아래 서 있었어요. 그런데 나는 자꾸만 눈물이 났습니다.

결혼식에서 신부 엄마가 분홍 옷을 입는 관례는 젊음을 마감하는 하나의 상징이 아닐까 생각했어요. 초로의 여인이 입은 분홍빛 얇은 명주 한복은 아쉬움 같은 느낌을 갖게 했어요. 젊음을 떠나보내는 세레모니의 뜻이 담긴 건 아닐까요?

젊음이 가진 모든 것, 아름다움이나 열정, 당당함 같은 것들을 모두 딸에게 넘겨주고 삶의 주연 자리에서 내려와 조연이 되는 과정이 지금 우리의 현재 위치인지도 모르겠습니다. 우리에게서 젊음이 가고 쓸쓸한 저녁이 오고 있다 해도 절망하지는 않을 겁니다.

요즘 여자들은 지혜로워서 언제나 현재의 위치를 최상의 것으로 다시 꾸밀 수 있는 능력이 있다고 믿어요. 마음먹기에 따라 삶은 행복할 수도 불행할 수도 있다는 것을 터득했다고나 할까요. 제2의 인생을 새롭게 시작해보는 것도 어떻게 보면 신나는 일입니다.

한여름의 작열하는 태양이 기울어지면 세상은 온통 말개진 가을 햇볕같이 깨끗해지잖아요. 그 맑음 속에 사는 시간도 꽤 괜찮을 것 같은데요.

현저하게 삶의 질을 높여 줄 만큼 그동안 세상은 눈부시게 발전하였습니다. 그런데 풍성하고 화려한 친구 딸의 혼례식장에서 갑자기 흑백사진으로 남아있는 예전의 우리들의 간소한 결혼식이 오버랩되는 것이었습니다. 그러나 세월이 흐르고 의식이 변했다 해도 성숙된 삶의 뿌리는 같을 거라는 생각이 들었습니다.

성실히 살면서 주위에 작은 친절을 다하는 모습, 올곧은 정신으로 평범한 시민이 되는 것이야말로 이 사회에 꽃씨를 뿌리고 물을 주는 일이 아니겠어요?

천천히 오는 행복

　　　　마을버스를 기다리고 있다. 오월의 저녁은 훈풍이 불어와서 마음이 느긋해진다. 어디선가 '쿵짝 쿵짝…….' 하며 템포 빠른 노래가 들려온다. 천지사방에 꽃들은 피어나 거리가 한결 환해졌다. 날씨가 따뜻해지니 길 가는 사람들 마음도 더 온순해지는 것 같다. 중앙분리대에는 탐스럽게 핀 철쭉꽃이 지는 햇빛을 받아 붉게 타오르고 길가에는 잔잔한 조팝꽃이 연두색 이파리와 어우러졌다.
　마을버스는 얼마 기다리지 않아서 왔다. 버스는 죽전역에서 성복동까지 계속 돌기 때문에 말하자면 죽전역은 환승센터인 셈이다. 이십 분이면 충분히 가는 거리여서 사람들은 별 부담 없이 마을버스를 이용한다.

운전기사는 승객 한 사람, 한 사람에게 웃는 얼굴로 인사하고 몸이 불편하여 늦게 오르는 손님에게는 '천천히 오르세요.' 자리에서 일어나 붙잡아주기도 한다. 버스가 서서히 출발하였다. 지금은 이른 퇴근시간이라 사람이 많은 편이다.

내 곁에 앉은 이는 초로의 부인이었다. 그녀는 커다란 짐을 갖고 있었다. 차가 승강장을 빠져나가자 이내 핸드폰을 꺼내어 전화를 걸었다. 다른 승객들을 의식해서인지 조용조용 소리 낮춰 말했다. 핸드폰이 처음 나왔을 때는 얼마나 눈살 찌푸리는 일이 많았던가. 큰소리로 떠들고 깔깔대는 여학생을 보며 '젊은이가 교양이 없다.'고 개탄하기도 했었다. 그때를 생각하면 우리는 지금 몰라보게 매너가 좋아졌다. 너 나 할 것 없이 지하철이나 버스 안에서 큰 소리로 떠드는 사람은 이제 보기 힘들게 되었다.

"여보, 마을버스를 탔는데요. 지금 바로 쌀을 씻어서 밥을 안치세요. 그러면 시간이 맞을 것 같아요. 그리고 도착할 시간에 맞춰 버스정류장으로 나와 주세요. 짐이 많아서요."

외출했다가 집으로 돌아가는 나이 든 아내, 그리고 아내의 말대로 부지런히 밥을 안치고 집에서 버스정류장으로 나올 남편이 그려졌다.

이런 것이 행복이라면……. 하고 나는 생각했다. 어떤 사람에게는 아무렇지 않은 일상이 다른 사람들 쪽에서 보면 행복일지도 모른다. 그러나 저 아내의 당부는 불과 한 세대 전 우리의 어머니들에겐 감히 생각도 못할 일이다. 그때만 해도 여자와 남자가 해야 될 일이 확연히 구분이 되어 있었다. 어머니들은 혼자 동동거리며 하늘같은 남편이 혹시라도 불편해할까 봐 감히 도움도 청하지 못하고 애태우곤 했었다.

어느새 우리는 부부간에 대등한 입장에서 의논하고 서로를 존중하고 배려해주는 데에 이르렀다. 바야흐로 남녀평등의 시대를 누리고 있는 것이다. 우리가 이렇게 누릴 수 있는 평안, 그것은 열심히 평생을 살아온 자에게 주어지는 귀결과 같은 것이다. 또 그것은 우리 어머니를 비롯한 많은 여인들의 희생과 눈물 위에서 지금 우리가 누리고 있는 것인지도 모른다.

남녀가 분명히 위아래가 구분되어 있었고 여자들은 당당하게 자기주장을 할 수 없었다. 억울해도 그것이 운명이려니 하고 살았었다. 그런 어머니의 삶에 대해 나는 왜 여자만 그렇게 바보같이 참고 살아야 하느냐고 엄마에게 따져 물었다.

'그래, 넌 이 담에 네가 원하는 대로 그렇게 살아라…….'

엄마는 작은 목소리로 대답했었다.
 오늘 이 부인의 대화를 들으며 옛날의 아버지와 어머니를 떠올렸다. 내가 오늘 느끼는 이 감동은 하찮은 풀꽃을 들여다보며 정말 예쁘다고 생각하는 사람과 대수롭지 않게 여기는 사람의 차이 같은 것일까. 그럴수록 더욱 여자의 덕목을 잃어서는 안 된다. 소리 없는 것이 나약하지 않음을 보여주어야 한다.
 시대가 많이도 변했다.

산야를 가로질러

　　　　차를 타고 서울 가는 길로 나서자 맑은 공기가 나를 향해 달려드는 것 같다. 저만치 산 중턱에 보이는 마을의 창문들이 햇빛을 받아 반짝인다. 나무들이 손을 흔드는 착시현상을 느끼며 용서고속도로에 들어선다. 집에서 서울까지는 여덟 개의 터널을 지나야 한다. 먼저 동천터널이 나를 맞는다. 산과 산을 연결하여 다리를 놓았기 때문에 내게는 하늘을 가까이에서 감상할 수 있는 멋진 길이다. 주변에 그림같이 펼쳐지는 산의 능선을 바라보노라면 어쩌다 이렇게 아름다운 길을 오가게 되었는지 그저 누군가에게 감사할 뿐이다.

자연만을 흠뻑 누릴 수 있는 한적한 시간이 바로 내가 매일 오가는 길이다. 우선 논스톱인 것이 매력적인 데다가 개통한 지 삼 년 밖에 되지 않기 때문인지 많은 차량으로 붐비지도 않는다. 어쩌면 적지 않은 통행료 때문인지도 모르겠다.

고기터널을 지나 하산운터널을 지날 때 새로운 천지가 눈앞에 전개되는 가벼운 떨림을 감지한다. 터널의 반원이 확 나아가는 시속 100km의 동력에 의해 갑자기 트이는 것을 느끼며 우리네 생활에도 이 길과 같이 적당한 긴장이 필요하다는 생각도 해본다. 게다가 산속에서 맑은 공기도 마실 수 있으니 일석이조가 아닌가!

진달래가 골짜기마다 피어날 때 봄기운 속에 달리다 보면 저 밑에 펼쳐진 마을이 한 떨기 꽃같이 보일 때도 있고 멀리서 피어오르는 연기가 어린 날의 향수를 불러오게도 한다. 봄이 한창인 들판이 언뜻언뜻 스쳐 지날 때 하늘과 대기가 왈츠를 추는 것 같다. 정감 어린 하루하루가 흐르는 동안 연두색 잎사귀들은 조금씩 그 색깔이 짙어진다. 마침내 산은 이스트를 넣은 빵처럼 부풀어 녹색의 바다가 되고 만다.

여름이 시작되는 6월이면 나는 차창을 열고 바람을 태운다. 달큰한 바람의 맛이라니, 나는 폐부 깊숙이 심호흡을 한다. 이 싱그러움은 내가 건강하게 살아 있다는 증거가 아닌가. 하늘과 바람과 나무들을 즐길 수 있는 곳, 이 하이웨이를 나는 사랑한다.

　주룩주룩 장맛비라도 내릴라치면 나는 클래식을 들으며 간다. 녹색의 산야를 거치는 칠팔월 동안 나도 모르게 색깔이 조금씩 변한 초록 잎들, 마침내 산 전체가 오묘한 색의 코러스를 연주하는 소리를 듣는다. 그렇게 해서 계절은 바뀌어 벌써 가을이 된 것이다.

　첩첩산중에서 느낄 수 있는 자연의 힘이 마술지팡이로 건듯 건드린 듯 나는 얼마나 황홀해했던가. 아무리 오가도 실증나지 않는 길, 그 길을 핑계를 만들어서라도 외출하기를 즐긴다.

　저녁때 집에 돌아오는 길은 훨씬 여유롭다. 요즈음 나뭇잎이 다 져서 휑하니 숲 속이 들여다보인다. 산은 마치 생을 다 살고 가는 빈자의 심정으로 조용히 묵상에 잠기고 있는 것 같다.

　나는 얼레빗 같은 숲 사이로 지는 해를 바라보며 장엄한 하루의 석양을 가슴에 새긴다. 이제 성긴 눈발이 흩날리는 겨울이 올 것이다. 함박눈이 쏟아질 때면 집으로 돌아가는 길이 더 멀었으면 좋겠다고 생각할 것이다. 그리고 옛날 샹송을 읊조리면서 천천히 차를 몰 것이다.

　나는 새로운 것에 기대가 크다. 차가 곧잘 막히고 신호등이 있는 기존의 길이 아니라 이렇게 하이웨이가 새로 생긴다는 말을 들었을 때부터 귀가 번쩍 띄었던 것이다. 그렇다면 오가는 시간이 단축될 게 아닌가. 내 예상은 적중했다. 게다가 자연의 아름다움까지 덤으로 얹어주니 횡재를 한 기분이다.

시속 100km로 계속 달리니 운전을 하며 느끼던 피로감도 훨씬 덜하다. 내가 좋아하는 운전방식이어서 이것을 맞춤형이라고 해야 할 것 같다. 어느새 동천터널이다. 서수지 IC에서 고속도로를 벗어나 성복동으로 가면 언제나 그리운 내 집이 있다.

집으로 오가는 시간이야말로 나를 성숙시키고 하루를 되돌아보는 유일한 시간이 된다. 산과 산으로 이어지는 안개 자욱한 길로 오늘도 자동차의 액셀러레이터를 밟는다.

만나야 할 사람들

　　알렉스 헤일리가 쓴 장편소설 ≪뿌리≫는 세계적 선풍을 일으킨 바 있다. 검은 대륙 출신의 미국인 '킨타쿤테'가 뿌리를 찾아가는 과정이 리얼하게 묘사되어 세계인의 심금을 울리기도 했다. 그런데 바로 그 무렵 우리 시댁에도 이와 비슷한 일이 생겼다.

　시아버님께 전해들은 이야기로, 동학란에 연루된 시할아버지 형제들은 시끄러운 정국을 피해 미국으로 건너갔다고 한다. 몇 달 동안 배를 타고 고생하며 항해한 끝에 하와이에 도착한 큰할아버지는 하와이에 자리를 잡고, 마산에 사는 처녀와 사진결혼하였으며 그곳에서 크리스천이 되어 돌아가실 때까지 오랜 세월 동안 목회를 했다.

셋째인 우리 시할아버지는 가족들을 데리러 잠시 한국에 나왔다가 가족들의 만류에 부딪혀 미국에 돌아가는 일이 좌절되었다. 할 수 없이 한국에 살게 된 시할아버지는 미국의 형님과 수시로 편지를 주고받으면서 해주우체국을 설립하고 야학당을 열어 학생들에게 한글과 체조를 가르쳤다고 한다.

6·25전쟁이 일어나기까지 할아버지 형제분끼리 자주 소식이 오가고 편지를 주고받기도 했지만 우리나라가 혼란을 겪으면서 연락이 끊겼다고 했다.

그 후 몇 십 년을 지나 소식을 알 길 없어 안타까워하며 지내던 중에 갑자기 모르는 사람에게서 연락이 온 것이다. 그는 택시기사인데 미국에서 온 '제임스 박'이라는 사람이 우리 시아버님을 찾는다는 것이었다. 미국인이 여러 번 한국에 와서 친척을 찾는다는 얘기를 듣고 그는 발 벗고 나서서 도와주게 되었다고 했다.

우리는 반신반의하면서 아버님을 모시고 S호텔로 갔고, 거기에서 오래된 사진 속에 있는 육십쯤 되어 보이는 당숙을 처음 만났다. 당숙은 한국말을 한마디도 못한 채 아버님을 얼싸안았다. 당숙의 장성한 아들이 '우리의 뿌리는 어디인지 알고 싶다.'고 말해 당시 유행하던 헤일리의 소설처럼 자기도 그렇게 뿌리를 찾아보고 싶은 심정이 되었다고 했다.

　한국의 친척을 찾기 위한 단서는 오로지 '공주'라는 지명과 시아버님 성함뿐이었는데 그때 만난 택시기사가 일 년을 두고 추적해서 만남을 성사시켰다고 고마워했다. 당숙은 그때 한국의 친척을 찾기 위해 세 번이나 한국을 오갔다고 한다.

　시아버님은 일제 강점기에 공주고보 1회 졸업생이어서 공주에 사는 노인들에게 문의해서 연결된 것이다. 나는 그때 감동적인 만남의 자리에 동석함으로써 핏줄이란 이렇게 몇 십 년이 지나도 끈끈한 것이라는 걸 마음 깊이 느꼈었다.

　당숙은 "It's miracle!"을 연발했고 많은 형제들이 앞다투어 집으로 초대하며 반세기만의 가족의 재회를 기뻐하였다. 그것은 우리 집안의 최대 경사였다.

　미국에 돌아간 후 당숙은 흥분하여 하와이에 사는 작은당숙에게 한국의 친척들을 찾았다는 소식을 전하고 두 당숙과 당숙모 네 분이 몇 달 후에 한국으로 우리를 찾아왔다. 나는 그때 Peter라는 작은당숙을 처음 뵈었는데 그분은 줄곧 만나온 사람처럼 친숙해 보였다. 하와이 도심지가 아니라 시골에서 살아와서 더욱 그런 것 같았다. 작은당숙은 너무나 친절했고 정이 많았다. 그 후로도 나는 당숙들과 편지를 주고받으며 그동안 끊어졌던 집안의 관계를 이어갔다. 말과 습관이 서로 달라서 어려움은 있었지만 혈족의 끈끈한 정으로 우리는 서로 최선을 다했다. 그때 마침 우리는 밀양박씨 숙민공파 족보를 정리하고 있을 때였다.

미국으로 간 후 텅 비워 공란으로 남겨 두었던 큰할아버지의 함자 밑에 가족들 가계도를 족보에 넣기로 했다. 족보는 한자로 되어 있는데 우리 족보에는 영어로 쓰인 이름이 한 페이지나 차지했다. 국제 족보가 되었다고 말하며 우리는 웃었다. 그리고 영영 잃어버릴 뻔했던 친척을 찾은 것을 하나님께 감사했다.

다음 해에는 우리 형제들이 미국으로 가서 두 당숙과 당숙모를 뵙고 오랫동안 떨어져 있던 친척간의 정을 돈독히했다. 하와이를 방문했을 때, 당숙과 육촌 형제들은 우리를 큰할아버지 산소로 안내했다. 큰할아버지는 젊은 날의 이승만 대통령과 교분을 가졌으며 교민신문의 주간을 역임하는 등 지역사회를 위해 일하시던 목회자로 지냈다고 한다. 그분은 이민 가서도 하루도 빼지 않고 한글로 일기를 쓰셨다고 그 아들들이 기억하고 있었다. 지금까지 그 붓으로 쓴 일기를 보관했으면 좋았을 것을, 우리는 못내 아쉬워했다. 역사적으로도 개인적으로도 좋은 기록으로 남을 뻔했는데……. 이렇게 서로 미국과 한국을 오가는 동안 우리는 서로 친해졌다.

큰당숙은 그 후 한국에 대해 부쩍 관심이 많아져서 한국어를 배우느라 늘 사전을 갖고 다녔고 교포들과도 교분을 쌓았다. 교포들이 미국사회에 적응하기 어려운 일이 생기면 수고를 마다않고 도와주었다. 당숙은 그렇게 해서 쉽게 우리말로 전화도 할 수 있게 되었고 대화하는 데도 별 어려움이 없게 되었다.

십여 년 전 내가 미국에 갔을 때였다.

"엉클 제임스, 당신은 참 큰일을 하셨어요! 우리에게도, 교민들에게도."

나는 진심에서 우러나오는 찬사를 했다.

"내가 죽어 돌아가면 아버지를 만나 뿌리 찾은 것을 자랑스럽게 얘기할 거야……."

팔십이 넘은 당숙은 소년같이 상기된 얼굴로 말했다.

많은 사진과 편지 그리고 추억을 남기고 두 당숙과 당숙모들은 이제 저세상으로 갔지만 그 밑에 육촌 형제들이 여럿 있어서 지금도 가끔 전화나 편지로 안부를 묻곤 한다.

소설 〈뿌리〉에서 킨타쿤테가 갖은 고생 끝에 고향을 찾아가는 장면을 나는 잊을 수 없다. 그 영화는 오랫동안 우리의 기억에 남아있을 것이다.

또 하나의 킨타쿤테가 끝없이 한국의 뿌리를 찾겠다고 헤매던 것 또한 감동적인 장면이 아니겠는가. 생각하면 나는 오촌 당숙인 제임스 박의 그 용기에 감탄한다. 그리고 그의 끈기 있는 그의 행동에 박수를 치고 싶다.

한 소설이 읽는 재미로만 끝나지 않고 미국에서 태어나고 성장한 초로의 당숙에게 모티브를 주어서 그가 우리를 직접 찾아 나섬으로써 하나님은 우리들의 경이로운 만남을 주선해 주었다. 기적이라고밖에는 설명할 수 없는 어떤 힘이 우리 사이를 얽어매어 놓았다.

세상을 사는 법

　　　　　예배를 마치고 교회 정문을 나서는데 휘파람 소리가 들려온다. 나도 모르게 그 진원지를 찾아 눈길을 돌렸다. 대학생으로 보이는 젊은이가 예배 중에 불렀던 찬송가를 휘파람으로 부르는 것이었다. 나는 눈물이 핑 돌았다.
　"이 몸의 소망 무언가 우리 주 예수뿐일세……." 저 젊은이의 심령이 너무나 아름답다. 무의식적인 그 휘파람소리가 예배드리고 집에 돌아가는 내 귓전을 떠나지 않았다.
　순간 우리 아들들 생각이 났다. 내가 얼마나 간절히 그들의 믿음생활을 원하였던가! 그러나 믿음은 강요로 되는 게 아니라면서 아들들은 교회를 다니지 않고 있다.

모두가 내 잘못으로 생긴 일이다. 후회가 밀물처럼 밀려왔다.

아이들이 한창 자랄 때, 나는 제조업체를 운영하느라 바쁘게 살았다. 어느 날 정신을 차려보니 벌써 세월은 지나가고 아이들은 성장해 있었다. 그때 교회 다닐 것을 권하였으나 공부 때문에 바쁘다며 들은 척도 하지 않았다. 어릴 때부터 신앙생활을 하게 했어야 하는데 마음속 깊이 안타까웠다. 평소에 온순하고 부모의 말을 어기지 않는데 신앙 문제에 대해서는 왜 그렇게 목이 곧을까? 참으로 안타깝다.

공부보다 더 중요한 것이 신앙이고 세상을 살아가는 근본 힘이 되는데도 아들들은 그것을 잊고 산다.

인생 여정에서 우리는 항상 평탄하게 살 수 없고 살아가면서 질곡에 빠질 때가 많다고, 위기의식 속에서 믿음은 빛을 발하는 것이라고 아무리 간곡히 얘기해도 아직 젊어서 그것을 깨닫지 못하나 보다. 나는 눈물을 흘리며 작정기도도 했지만 아직 기도가 모자란 탓인지 진전이 없다. 이것이 내 인생의 숙제로 남아 가슴을 무겁게 한다. 평생 기도하기 위해 남겨둔 명제 같다.

내 책상에는 몇 년 전 폴란드 갔을 때 사온 목각으로 만든 예수 그리스도 상이 있다. 나는 그 좌상을 '근심하는 그리스도'라고 이름 붙였다. 붉은 성의를 걸치고, 머리에는 가시면류관을 쓰고 턱을 고인 채 깊은 시름에 잠겨있는 모습이다.

33세의 젊은 얼굴만 보다가 이렇게 늙고 주름진 예수님의 얼굴은 낯설었다. 눈을 지그시 감고 근심이 가득 찬, 처진 예수님의 표정에서 나는 이 세상에 있는 수많은 슬픔과 고통을 보았다. 어느 날인가 내 책상 위에 놓인 예수상을 물끄러미 바라보다가 깨달아지는 것이 있었다. 내가 생각 없이 하는 많은 행동들이 예수님의 근심을 더해 드리는 건 아닐까 하는 생각이 들었다.

나는 유년주일학교부터 시작하여 중고등학교 대학교까지 미션스쿨을 다닌 것을 행운이라고 생각한다. 집안 식구들은 믿음이 없었기 때문에 '교회에 미친 애'라는 소리를 들었지만 그러나 개의치 않았다. 지금 생각해보면 체계적인 성경공부가 나를 성숙시키는 자양분이었다. 하루를 말씀으로 묵상하는 오랜 습관도 감사한 일이다.

크리스천들은 같은 목표를 갖고 사는 순례자이기 때문에 세상 사는 동안 누구나에게 닥칠 수 있는 문제를 안고 살아가고 있다. 성도 간에는 결코 세상 것 같지 않은 소통이 존재한다. 서로 하나의 푯대에 마음을 두고 있는 사람들, 하나님이 죄를 사해 주신다는 것을 믿으며 말씀의 뜻에 맞게 살기를 다짐하는 사람들이기 때문이다.

마음에 짐이 되는 걱정거리가 있을 때 부끄러워하지 않고 나는 구역식구들 앞에서 걱정을 다 털어놓는다. 오랫동안 신앙생활을 하며 내가 얻은 것은 살아가면서 합심기도보다 더 좋은 문제 해결 방법은 없다는 것이다. 또 문제가 생겼을 때 오로지 주님에게 고하고 지혜를 구하는 기도의 시간, 고요한 마음이 되어 하나님의 뜻을 찾는 시간이 내게 알 수 없는 힘이 된다.

그리고 같은 연배의 여선교회의 권사님들에게서 또 다른 나를 보고 위로받고 도전을 받는다. 왠지 그들을 볼 때마다 마음이 푸근해지곤 한다.

몇 년 전, 교회에서 권사 직분을 받았다. 처음에는 아직 아들들의 믿음이 없기 때문에 극구 사양했었다. 제 아들도 구원 못한 모자란 어미라고, 그러나 며느리들이 교회생활을 열심히 하는 것을 보고 희망을 가지고 기다리기로 하였다.

깨어있기를 열망하는 사람들, 주일이면 한마음으로 모여 예배를 드리고 삶의 소용돌이에서 자신을 건지는 일, 나아가서는 세상의 정화를 위해 기도하고 탄원하는 누군가가 있어 세상은 이만큼이라도 돌아가는 것이라고 생각한다.

2부

겨울 산길에서

겨울 산길에서

아직 영하의 기온이지만 오늘 아침 날씨는 쾌청하군요.

드문드문 눈이 남아 있는 얕은 산자락으로 봄 내음을 찾아갑니다.

하늘은 쨍하게 맑아 구름 한 점 없이 푸르고, 제법 쌀쌀한 바람이 한겨울의 상큼한 맛을 느끼게 해주는 기분 좋게 차가운 날, 활짝 열린 산은 그 가슴을 속속들이 드러내며 나를 맞이합니다.

앙상한 나무줄기만 남은 숲 속은 모든 치장을 벗어버린 다정한 친구의 민얼굴같이 진솔하고 익숙하다는 생각이 들어요.

– 그래, 내 마음속도 이런 저런 문제가 있어. 안타깝고 자존심 상하고 마음이 아파. 내 상처 보이지? 네겐 이제 숨기지 않겠어. 너는 내게 위로를 찾으러 왔을 테지만 나도 사람들의 따뜻한 가슴에 기대고 싶을 때가 있어. –

수런대며 인적 끊긴 겨울산은 나를 반기며 얘기를 걸어옵니다. 마른 낙엽으로 덮인 오솔길을 걷자 며칠간 어수선했던 마음이 평정을 되찾은 것 같습니다.

후드득 까치 한 떼가 갑자기 숲 속에서 날아오릅니다.

잎이 다 떨어진 굴참나무 우듬지마다 까치집들이 자리 잡은 것이 보입니다. 까치들에겐 참나무가 미더운 모양입니다. 참나무 한 그루에 사는 곤충이 300종에 이른다고 합니다. 다양한 미생물들이 나무뿌리에 기생, 공생하며 사는 거지요. 그런데도 모든 치장과 옷들을 벗어버린 나무들의 숲은 그 어느 때보다도 진솔합니다.

요즘 들어 숲 속에서 만난 나무들의 표정이 하나하나 특징이 있고 그 성품이 다르다는 것을 느낍니다. 오리나무는 연한 속눈썹 같은 잔가지를 수 없이 매달고 새싹 틔울 준비를 합니다. 산벚나무는 톡톡 불거진 꽃망울을 내밀며 화려한 봄의 만개를 예고하고 있습니다. 저만치 길고 운치 있는 잎을 드리운 대숲은 소담스러운 잎으로 빼빼마른 줄기를 추울세라 감싸고 있습니다. 나무는 다양한 생물들에게 서식지가 되어줍니다.

겨우내 가느다란 가지 끝에 분홍빛 흐드러진 꽃잎을 감추었다가 이른 봄에 제일 먼저 피워내는 진달래는 그 마른 가지가 얼지 않을까 안쓰럽습니다. 단풍나무는 새로이 잎을 달게 될, 수많은 가지를 뻗느라고 소리 없이 분주합니다. 가지 끝으로만 자라는 나무는 한편 뿌리를 굵게 만들기도 합니다.

약간 퇴색한 색깔이긴 하지만 겨우내 푸른 잎을 자랑하고 있는 소나무는 뒤늦게 가끔씩 쏟아지는 눈발을 온몸에 얹은 채 두툼한 솜옷에 싸여 푸근한 표정입니다. 숲 속의 시인 자작나무는 기품 있는 은빛 줄기를 운치 있게 드러내며 푸르른 잎새들이 반짝거릴 한여름 꿈에 잠겨 있나봅니다. 정작 나무는 치열하게 살아가고 있는데도 한 걸음도 못 움직이기 때문에 사람들에게는 그것이 잘 안 보이나 봐요.

천천히 겨울 산을 거니노라면 나무들의 표정이 보입니다. 사람마다 그 심성이 조금씩 다르듯이 나무도 마음이 조금씩 다른가봅니다. 수없이 많은 잔가지를 틔워내는 나무는 그 성질이 다정하고 섬세한 사람 같고 뭉툭한 가지 몇 개에 큰 잎을 매달고 선 나무는 선이 굵은 대범한 마음씨일 것 같습니다.

그지없이 양순하게 하늘과 햇살을 향해 자라가는 나무가 있는가 하면, 거친 표정으로 보이는 나무도 있습니다. 잎들을 다 떨어뜨리고 맨몸이 되었을 때 나무들의 품성은 더 쉽게 비교가 됩니다. 은행나무는 가을날 노란 잎들로 물들어 보도 위를 덮을 때 만추의 아름다움을 빛내주지만 아직 싹이 돋기 전 겨울나무로 있을 때는 사나운 느낌이 듭니다. 잎눈을 준비하는 잔가지들까지 도전적으로 보이는 것은 나만의 생각일까요. 당신도 한번 눈여겨보시기 바랍니다.

대추나무는 죽은 듯이 늦겨울 잠을 자다가 다른 나무들이 잎을 틔우고 나서 꽃을 피울 때쯤에야 기지개켜며 여린 순을 내놓습니다.

풀 한 포기 나무 한 그루도 생명이 있는 물체는 살아내기 위한 노력을 끊임없이 하면서 사람들의 눈에 쉽게 띄지 않을지라도 자기의 몫을 다하고 있는 겁니다.

여러 종류의 나무들과 교감을 나누며 걷는 산길은 그래서 겨울이라야 합니다.

머잖아 그 나무들이 피울 잎새와 꽃잎을 익히 알고 있는 나에게 벗은 몸을 보여주는 오랜 친구처럼 속내를 읽으며 그들과 악수를 나눕니다.

사람도 때로는 저렇게 비워내는 계절이 있으면 좋으리라는 생각이 들어요. 모든 꽃과 잎들을 떨어내버리고 오직 빈 몸으로 서서 혹독한 겨울을 이겨내는 시간이 가끔은 필요할 것 같습니다.

스스로를 돌아보며 깊은 사색에 잠기는 겸손한 한때가 주어진다면, 봄이 왔을 때 우리는 보다 멋진 새잎들을 피워낼 수 있지 않을까요?

흙가슴

　봄이 오는 들녘엔 향기로운 바람이 분다. 겨우내 말랐던 나뭇가지들은 물이 오르고 있다. 머잖아 봄은 참지 못하고 툭툭 터져 나올 것이다.

　서랍 속에 모여 있던 씨앗들이 화창한 봄볕 아래 모습을 드러낸다. 화려한 원색의 파프리카, 납작한 호박씨, 도톰한 강낭콩, 완두콩, 땅콩 등 우선 물에 넣어서 불린 씨앗과 배추, 오이, 상추, 아욱 씨를 검은 비닐 화분에 심어 집안에서 싹을 틔웠다. 나는 올해도 이렇게 어줍고 굼뜬 대로 농부가 될 준비를 하고 있다.

　그동안 추위와 비바람으로 황량했던 밭에 가서 어제는 흙냄새를 맡으며, 퇴비를 뿌리고 돌멩이들을 골라내는 작업을 했다. 연작은 좋지 않다기에 감자를 심었던 밭에는 고추를, 야콘을 심었던 밭에는 가지를 심기로 하였다. 그것은 땅의 성질을 최대한 이용하는 것이라고 하겠다.

남편은 익숙한 솜씨로 마치 자로 잰 것처럼 반듯한 밭을 일구고, 두둑의 가장자리까지 다독여서 물길을 미리 만들어 놓는다. 저 밭에서 야채가 나서 자라기 시작하면 지나가는 사람들은 '어쩌면, 그림같이 예쁘네!'라고 하겠지. 산책하는 사람들이 신기해하면서 그들의 미소 띤 시선을 보내면 그것은 농사짓는 이들에게 또 하나의 기쁨인 것이다.

우리는 이렇게 몇 년째 푸성귀를 포슬포슬한 흙에 심어 가꾸고 거둔다. 흙은 나하고 상관없는 것이라 여겨왔는데 농사를 짓기 시작하면서부터 흙에 대한 생각이 완전히 바뀌었다.

나는 요즘 흙을 마법사쯤으로 생각한다. 사람의 힘으로 도저히 할 수 없는 신기한 일을 흙은 말없이 해 주는 것이다. 나무나 화초도 흙이 없으면 자랄 수 없고 이렇게 사람의 먹거리인 온갖 채소도 흙을 통해 얻는다는 것을 생각하면 흙은 다시없이 소중한 존재다.

하나님도 흙으로 사람을 지으셨다고 성경에서 말한다. 생기를 그 코에 불어 넣으시니 생령이 되었다고 한다. 생각하면 할수록 흙은 참으로 오묘한 것이다.

    (중략)
    한라에서 백두까지
    향기로운 흙가슴만 남고
    그 모든 쇠붙이는 가라

신동엽 시인의 〈껍데기는 가라〉의 마지막 연이다. 시인이 이 시에서 말하고자 한 것이 분단 극복인데 그중에서도 내 눈길을 잡아 끈 것은 향기로운 '흙가슴'이다.
시인은 어떻게 향기로운 흙가슴을 알았을까? 아직 젊은 나이에 흙을 얼마나 뼈저리게 사랑했으면 '흙가슴'이라고 했을까? '흙가슴'은 생명을 잉태하고 분만하고 양육하는 가슴이다.

요즘 나는 흙을 깊이 생각하고 내 가슴도 흙가슴이 되었으면 좋겠다고 다독이며 산다. 그리고 여러 가지 야채들이 각기 그 특성에 따라 자라는 것을 보면서 신비한 씨앗에 대해서도 생각하게 된다.
어떤 날은 씨앗을 늘어놓고 온종일 들여다보고 있을 때도 있다. 상추씨는 정말 신기하다. 어떻게 저 검불 같은 씨에서 너울거리는 상추 잎이 날까?

　토마토는 과일이 아니고 채소이며, 오이는 채소가 아니라 과일이란다. 감자는 뿌리가 아니고 줄기이며 바나나는 여러해살이 풀, 그리고 양파는 채소가 아니고 백합의 일종이라고 한다. 야채를 키우면서 알게 된 새로운 지식이 많다.

　보다 더 많이 흙에 대해 알고 싶고 직접 경험하고 싶다. 흙투성이 된 손을 흐르는 개울물에 씻으며 뼛속 깊이 조상들로부터 내게까지 이어져 내려온 지혜를 전수받고 싶다.

　작년 여름 땀 흘리며 쓰고 있던 농모를 올해도 기꺼이 쓰려 한다. 땀 흘린 뒤 가뿐한 미소를 짓는 내게 하늘은 비밀한 것을 내어줄 테니까.

　올 한 해 고추모에 진딧물이 오는 것을 방지하기 위해 물에 희석한 우유를 뿜어주는 내 모습을 상상해 본다. 농사를 짓기 전에는 전혀 몰랐던 일이 아닌가?

민들레 사랑

　　아름답지 않은 꽃은 없다. 하찮은 꽃도 가만히 들여다보면 정말 예쁘고 앙증맞다. 냉이, 별꽃풀, 피나물, 개불꽃, 참꽃마리 등 봄이 오는 들판에 나가면 얼마든지 많은 야생화를 만날 수 있다.
　꽃이 필 때쯤 설렁거리는 내 마음도 꽃을 구경 하고픈 심사인 것이다. 아침저녁 정성스럽게 가꾸는 손길로 그 자태를 드러내는 꽃들도 아름답지만 사람의 손길이 닿지 않는 곳에 스스로 피어난 작은 들꽃들은 또 나름대로 아름답다.
　작년 태백시에 있는 매봉산에 올랐다가 군락을 이루고 있는 민들레밭을 보았다. 산등성이에 끝없이 펼쳐져 있는 노란 꽃들은 그것이 바로 평화였다. 민들레는 왜 우리나라 고유의 우리 품종이라는 생각이 드는지. 수없이 많은 외침을 극복한 조선의 꽃, 아무리 낮은 자리에서도 불평하지 않고 밝게 사는 꽃 민들레.

건강전문가의 말을 빌리면 민들레는 잎과 뿌리, 꽃에 이르기까지 모두 약이 되며, 식물 전체를 캐어 말린 포공영은 한방에서 소화를 돕는 약으로 조제된다고 한다.

뿌리가 땅속 깊이 자라기 때문에 밟혀도 잘 죽지 않고 줄기가 부러지면 젖빛 즙이 나오는데 이 즙은 맛이 써서 가축들이 잘 먹지 않는다. 민들레는 그 즙으로 자기방어를 하면서 어떻게든 죽지 않고 살려는 의지가 있는 꽃이다.

좁은 돌 틈에서 당당한 얼굴로 피어나고 씨를 맺고 나중에 하얀 포자가 되어 하늘로 날아오르는 민들레처럼 사람도 묵묵히 자기 환경을 수용하는, 인간 민들레 같은 사람에게 박수와 갈채를 보내고 싶다. 나에게도 민들레 같은 친구가 있다.

일찍 남편을 잃은 그는 낙심하지 않고 어린 자식들과 열심히 살았다. 생활에 보탬이 되는 일이라면 무슨 일이든지 가리지 않았다. 그러다가 시집간 딸이 희귀병에 걸려 나중에는 딸의 간병과 손녀 키우는 일까지 도맡아 하고 있다. 그러나 친구는 항상 밝은 마음으로 살려고 노력한다. 그 친구 이야기만 나오면 나는 노란 민들레를 떠올린다. 작은 불편에도 못 견디는 최근의 세태에서 진정 민들레 같은 사람이 아름답다.

민들레가 문학작품으로 형상화 되어있는 것도 수없이 많다.

이상화의 시 〈빼앗긴 들에도 봄은 오는가〉에서 '맨드라미'도 '맨드라미'가 아니라 '민들레'를 말하는 사투리라고 한다. 서정주의 시에도 '민들레 꽃'이 있고 이해인 수녀의 '민들레의 영토'가 있으며 권정생의 '강아지똥'이나 박완서의 '옥상'도 민들레를 주제로 한 글이다. 이 밖에도 일일이 다 열거할 수 없을 만큼 수많은 민들레 작품들이 있다.

어느 해 늦봄, 잠수교 남단 고수부지 넓은 잔디밭에는 수없이 많은 민들레가 피어 있었다. 잘 손질된 푸른 잔디 위로 금빛 얼굴을 치켜들고 까르르 웃어젖히는 소녀들같이 삼삼오오 모여서 조잘대는 것 같았다.

봄은 온통 다 거기 모여 있었다. 설핏 기우는 햇살이 어두워지는 시각이면 강변 가득 하늘의 은하수가 내려앉은 듯 수많은 꽃잎들이 잔디 틈새로 고개를 접을 것이다.

나는 이곳을 지날 때 차가 막히면 내심 행운이라고 생각한다. 민들레 꽃밭을 오래 바라볼 수 있다는 기쁨 때문이다. 그러나 여름 장마에 불어난 강물로 아름답던 민들레 꽃밭은 흔적도 없이 사라져버렸다. 잔디 위로 황토가 덮이고 듬성듬성 거친 풀들이 자라더니 폐허처럼 되어 버렸다. 이듬해 다시 민들레는 피어날 수 있을까 나는 그것이 궁금하였다. 그리고 걱정이 되었다.

먼 외국여행 중 낯선 들녘에서 만난 민들레는 또 얼마나 반가웠던가. 정다운 사람을 타향에서 만난 듯 신기하고 마음이 따뜻해진다. 도란도란 소리 없이 사는 민중 같은 꽃 민들레!

수천 년 역사를 드센 외세 사이에서 면면히 이어온 우리 민족 같은 꽃. 비굴하지 않고 밝게 웃는 꽃, 짓밟히고 버려져도 스스로 자생하는 끈질긴 꽃…….

민들레가 가장 낮고 겸손한 얼굴로 활짝 피었다가 어느 날 하얀 날개를 달고 바람 따라 공중으로 날아가면 이윽고 이 땅의 봄은 이울기 시작한다.

다음 해 또 다른 봄을 기약하면서 어디론가 떠날 채비를 하고 있구나. 하얀 색깔로 둥그런 모양을 이루고 있는 민들레 씨앗은 투명하여 속이 환히 들여다보인다. 감출 것이라곤 하나도 없이 당당한 모습이 마음에 든다.

한동안 들여다보니 민들레 씨앗의 모습이 신기하다. 한 치의 오차도 없는 완전한 모양이 마법의 구슬처럼 보인다. 노란 색깔의 수더분한 꽃과는 다르게 볼수록 신비하게 생겼다. 민들레 씨앗은 먼 길을 자유롭게 날아올라 어딘가에 떨어질 때까지 온몸을 스스로 보호하면서 바람에 날기 쉽게 만반의 준비자세를 갖추나 보다.

요즘 젊은 사람들의 자살률이 오르고 있어 걱정이다. 이는 민들레 정신이 없기 때문이다. 현재가 아무리 밑바닥을 헤매고 있다 할지라도 장차 얼마든지 날아오를 수 있는 창공이 손짓하고 있지 않은가. 지금 당장은 텅 비어 있을지라도 바람 따라 오르다 보면 기다리는 미래가 있을 것이다. 비움을 채워주는 섭리가 기다리고 있을 것이다. 채워지기만을 조급하게 바라면 채워지지 않는다. 비우면 비울수록 가벼워져서 보다 높이 날 수가 있다.

민들레꽃을 보며 생각에 잠긴다.

6월 숲에서

      오서산 자연 휴양림에는 유월의 햇살이 가득하였다. 갖가지 나무들이 숲을 이뤄 다양한 생물들에게 서식처가 되어주고 있었다.
  뿌리가 잎들보다 먼저 아침 일찍 깨어나 수액을 길어 올리고 새들이 지저귀며 버섯들이 피어나는 숲에는 민달팽이, 딱정벌레 등 여러 가지 곤충들이 살고 있을 것이다.
  숲 속으로 걸어들며 자연스레 사색의 시간을 갖게 되었다. 나무든 사람이든 우람한 나무에 생채기가 나서 옹이가 박히듯 단단히 여물어 갈 때 관조의 힘이 생기고 지혜의 여백이 쌓여 그 기운을 안고 다시 사랑할 힘을 얻는가 보다.

뿌리 깊은 나무는 잘 흔들리지 않으며 둥치 큰 나무는 잔가지의 바람에 요동치지 않고 흔들림 없는 신념으로 하늘로 향한다. 우리는 흔히 나무에 사람을 빗대어 일컫기도 한다.

사람과 나무의 닮은 점을 들면 우선 호흡하는 것이라고 하겠다. 사람이 산소를 들이마시면 나무는 피톤치드를 내보낸다. 사람과 나무는 서로 필요한 것을 주고받는다. 그리고 자라면서 나이를 먹는다. 나무의 나이가 많아짐에 따라 줄기에 나이테가 생긴다. 세상에는 천 년이 넘는 나무도 있다고 한다.

나무는 물과 햇볕이 있어야 살듯이 사람은 영양과 운동으로 생명을 유지한다.

봄비가 내릴 때면 그 어느 때보다 숲이 행복해 보인다. 나무는 가지 끝에 성장점을 가지고 위로 자란다. 그래서 멀리서 오뉴월 숲을 바라보면 숲은 마치 잘 익은 빵처럼 부풀어 오르는 것을 볼 수 있다.

사람이 자손 대대로 이어가듯 나무는 열매를 맺어 번식한다.

산에는 때죽나무가 많았다. 유월 싱그러운 푸름 속에 때죽나무에 매달린 하얀 종을 닮은 꽃들이 지천으로 피어 산골짝을 흐르는 물에 둥둥 떠다니고 있었다.

저만치 우아하게 생긴 대나무 군락들이 있다. 대숲에 들자 순간 서늘한 기운이 느껴진다. 죽죽 뻗은 줄기와 보기 좋은 잎들로 해서 눈으로 보기에 기분 좋은 현상만은 아닐 것이다. 숲 해설가의 설명인즉 대숲은 기온이 몇 도 낮아서 예부터 조상들이 음식 갈무리를 했다고 일러준다. 대체로 키가 큰 나무는 단순한 직선 하나의 형태로 이뤄져 있다.

몇 년 전 시에라네바다 산맥에서 본 우람한 메타세쿼이아처럼 끝없이 높은 그 나무를 올려다보며 나는 잠시 내가 살아온 길을 돌아보았다.

숲 속을 들여다보면 다양한 미생물들이 나무뿌리에 기생하여 화려한 버섯이 자라기도 하고 생물 스스로 서식처가 되기도 한다. 살면서 죽었고 죽었으면서도 사는 나무, 무한히 사는 것 같지만 혼자 살지 않고 자기 것을 내어주는 나무 앞에서 나는 너무나도 아무것도 아닌 내 자신을 깨닫는다.

꽃으로 필 수 있다면

경칩이 지났으니 이제는 이른 봄이다.
나는 오래전부터 봄을 최대한으로 길게 누리려고 애쓴다. 그래서 해마다 3월이 오기 훨씬 전부터 바쁘다. 매화가 필 무렵이면 미리 남쪽지방에 가서 며칠을 보낸다. 그리고 집에 돌아온 후 사방에서 피어나는 봄기운을 만끽하곤 한다. 그러다가 오월이 되면 강원도 정선이나 주전골로 가서 막 피어나는 봄의 신비를 또 한 번 느낀다. 빨리 가는 봄이 아쉬워서 내가 짜낸 방법이다.
봄이 오기를 기다리면서 내가 제일 먼저 서두르는 일이 집안에 화사한 화분을 들여놓는 일이다. 겨울의 무거운 분위기를 바꾸고 싶을 때 나는 화려함을 찾아 꽃집부터 가는 것이다. 오늘 꽃집에 들러 프리지어와 팬지 화분을 샀다. 지루한 겨울을 빨리 보내려는 듯 나는 마음이 조급해져서 고운 꽃을 집합해 놓은 꽃집에 가서 서성거리다가 온다. 거실 탁자 위에 놓인 프리지어를 오며가며 들여다본다.

봉오리 진 꽃이 피어나라고 아침에 일어나면 화분에 물을 주고 낮에는 창문을 열어 새바람으로 환기시켜준다.

꽃 한 송이 한 송이가 피어나는 것을 보면서 만드신 분의 오묘한 섭리에 감탄한다. 꽃들은 철을 알아서 사계절마다 다른 꽃이 핀다. 산수유, 매화, 목련, 조팝나무, 벚꽃 등이 흐드러지게 피면 봄은 벌써 우리들 곁을 지나쳐 가는 것이다.

누구에겐가 축하의 꽃다발을 건네기 위해 꽃을 고르는 순간은 행복하다. 내 마음도 함께 넣어 선물하는 것이기 때문이다.

요즘 거리의 가로수에 예쁜 색깔의 꽃바구니를 내걸고 다리 난간에도 싱싱한 화분들로 장식해 놓았다. 그러나 그것으로는 아직 어딘가 모자라다는 느낌이 든다. 여행 중에 유럽의 여러 나라를 지나는 동안 집집마다 창가에 내걸린 꽃바구니를 보면 부러웠다. 마을을 잠깐 스쳐 지나가는 여행자에게까지 아름다움을 선사하려는 보이지 않는 손길이 놀라웠다. 나지막한 그들의 창가에 있는 꽃바구니와 목각 인형들도 행인들의 시선을 배려한 듯 창밖을 향해 서 있었다.

 나는 그들의 길손을 향한 마음의 여유가 아름답게 보였다. 십오 년 전에 러시아에 갔을 때 예전의 찬란한 문화유산에 비해 사람들 생활은 어려웠었다. 설탕 한 봉지를 사기 위해 사람들이 줄을 서서 기다리는데, 허름한 옷차림의 아주머니가 꽃 한 다발을 사들고 가는 모습이 오래도록 내 뇌리에서 지워지지 않는다. 문화와 예술의 향기는 민족의 핏속에 녹아들어 참으로 오랫동안 이어지는구나 생각하였다. 우리도 그렇게 문화적인 사고방식의 사람이 되려면 먼 훗날에나 가능할 것이다. 예로부터 꽃을 사랑하는 사람치고 마음씨 나쁜 사람이 없다고 하지 않는가. 우리들 심성을 순화하기 위해서도 꽃은 꼭 필요한 것이다.

 우리나라를 방문한 외국인이, 활기 찬 젊은이의 거리만 보고 갈 게 아니라 야생화로 가득한 들판을 보고 간다면 그들의 기억에 한국은 보다 더 아름다운 나라로 남을 수 있지 않을까. 매년 봄이 되면 여기저기에서 꽃 축제가 열린다. 꽃 축제도 관청에서 주도하듯이 하는 게 아니라 사람들 마음에서 우러나서 우리나라의 구석구석 나무를 심듯이 빈 땅에 구절초나 금낭화, 패랭이꽃 등을 심어 나갈 때 머잖아 세계 어디에 내놓아도 손색없는 특별한 아름다움으로 그들에게 인상 깊이 남을 것이다.

 몇 년 전 가을, 제천에서 국화꽃이 가득 핀 들판을 보았다. 수

출용으로 심은 거라지만 보기에 참 환상적이었다.
 가을꽃으로 어우러진 산골마을에 저녁안개가 천천히 올라오던 풍경이 아직도 눈에 선하다.

청춘을 향하여

      한세상 살다 가는 인생이 별거냐고 즐겁고 재미 있는 일만 찾아다니는, 그게 바로 잘 사는 일이라고 생각하는 사람이 많은 듯하다.
  때로는 남의 이목을 중시해서 체면 치레하는 일에 따라다니다가 하루하루가 정신없이 바쁜 사람도 있다.
  나도 체면 때문에 이 모임 저 모임에 참석하는 일이 많고, 세상 재미에 빠져 나 자신을 잊어버리는 때도 적지 않다.
  그러나 이 세상을 창조하고 빛과 하늘과 인간을 만드신 하나님, 그가 보시기에 좋았더라고 하신 말씀대로 나도 보시기에 좋은 삶을 살다가 평화롭게 가고 싶다.

내겐들 특별히 큰 계획이 있을까마는 사소한 것에서부터 목표를 세우고 한 걸음 한 걸음 쌓아 나간다면 그것이 바로 의식 있는 자의 생활이 아닐까 생각한다.

나로 인해 생기는 갈등, 반목 등을 최소화하고 나로 인해 생기는 이 지구상의 쓰레기를 조금이라도 줄여 보자는 것이다. 적어도 나 때문에 불편한 사람은 없어야 하고 나 때문에 세상이 더러워져서는 안 된다. 오히려 아름다워져야 한다.

이 세상에 와서 살다 가는 길에 뭔가 보탬이 되는 일이 무엇일까 생각해보면 많을 것이다. 나를 아는 많은 사람들에게 좋았던 이웃으로 기억되고 싶다.

부부간, 친척 간, 친구 간. 모든 인간관계에서 나는 최선을 다해 살고 싶다. "있을 때 잘 해, 후회하지 말고~." 이 노래를 들을 때마다 나는 마음을 다잡는다. 사람은 누구나가 사랑받기 위해 이 세상에 왔다고 하지 않던가.

그러나 한편 나 자신에 대해서만큼은 누구에게보다 더 엄격해야 할 것이다. 나에게 할당된 시간이 얼마나 될까? 얼마를 가지고 있든 시간을 버리는 것처럼 어리석은 일은 없을 것이다.

늙었다고 탐구심을 놓아버린다든가 젊은이들과의 교류를 단절한다면 내가 나를 스스로 도태시키는 일 외에 아무것도 아니라는 것을 나는 잘 알고 있다.

　작고 작은 것일지라도 앞날을 위해 선한 의미의 것이라면 그 마음 씀이 중요하지 아니한가. 최선을 다하여 열심히 사는 자의 모습은 아름답다. 하늘로부터 받은 한 달란트를 최선을 다해서 활용해야 한다. 받은 달란트를 별것 아니라고 대수롭지 않게 여기면서 게으르게 방치한다면 그것을 주신 하나님께 죄를 짓는 것이다.

　세계적으로도 유명한 테너 플라시도 도밍고. 그는 70이 넘었어도 사람들이 그에게 쉴 때가 되지 않았느냐는 물음에 "내가 만일 쉰다면 내 바쁜 마음에 녹이 슬까봐 저어하게 된다."라고 했다.

　96세로 타계한 세계적인 경영학자 파터 드러커는 타계 직전까지 강연과 집필을 계속하였고 그는 젊은이들에게 "인간은 호기심을 잃는 순간부터 늙는다."라는 유명한 말을 남겼다.

　미국 시인인 사무엘 울만은 그의 〈청춘〉에서, "청춘이란 인생의 어떤 기간이 아니라 마음의 상태를 말한다. 때로는 20세 청년보다도 70세 노인에게 청춘이 있다. 나이를 더해가는 것만으로 사람은 늙지 않는다. 이상과 열정을 잃어버릴 때 비로소 늙는 것이다."라고 말했다.

　청춘은 부단히 노력하며 젊어지려고 하는 자의 것임을 역설하고 있다. 자기가 처한 위치에서 종달새와 같이 매일 매일을 즐기고 그러면서 감사하며 사는 삶이야말로 최상의 삶이 될 것이기 때문이다.

또 나이가 들면 이제까지와는 다르게, 벌여왔던 일들을 가지를 치고 다듬어서 간추리는 작업이 필요할 것 같다. 사람을 새로 사귀는 일보다는 오히려 지금까지 내가 알아왔던 사람들에게 마음을 주는 일이 더 중요하지 않을까?

그리고 아름다운 이 세상에 왔다 가는 것을 감사하게 여기고 다소곳한 눈으로 모든 사물을 바라볼 때, 세상은 보다 넓고 환한 빛으로 나를 향해 미소 짓고 있을 테니까.

눈물을 흘립시다

　　　　　서울 숲에서 오랜만에 친구와 함께 신록을 즐기고 있었다.

　그동안 못 만난 친구들의 안부를 물으며 암에 걸렸다는 한 동창 얘기를 들었다. 마음이 무거워지고 걱정이 되었다.

　그 아이를 만난 것은 바로 그때였다. 아까부터 잃어버린 엄마를 찾고 있는 듯 이젠 참다못해 울음을 터뜨리는 모습은 애처로웠다. 커다란 눈망울 가득 눈물을 담고 작은 목소리로 '엄마, 엄마.'를 찾으며 극도로 불안해하고 있다.

　나는 급히 다가갔다.

"엄마를 잃어버렸니?"

소녀는 눈물을 가득 머금고 고개를 끄덕였다.

"괜찮아, 엄마를 찾을 수 있을 거야······."

나는 일곱 살쯤 되어 보이는 아이를 안았다. 소녀는 내 품에 안기자 흑흑 흐느껴 울었다. 엄마를 잃어버린 서러움에 복받쳐 어쩔 줄 몰라 했다.

머리에 리본을 달고 눈이 동그란 아이는 미아보호소를 찾아가는 동안에도 긴 속눈썹이 눈물에 젖은 채 흐느끼며 울음을 그치지 않았다.

안내방송이 나가자 얼마 되지 않아 아이 엄마와 연락이 닿았다. 엄마가 허둥지둥 뛰어 왔을 때 아이와 엄마는 함께 울었다. 이제는 서로를 찾아 안심하는 눈물이었다.

나는 리히텐슈타인의 〈행복한 눈물〉을 보는 듯했다.

눈물은 우리의 영혼을 순화시켜서일까. 사람의 힘으로 불가능한 것을 가능케 하는 자연 치유제라고 한다. 어떤 의사는 눈물을 '천연항암제'라고까지 부른다. 눈물을 흘리면 성인도 어린 아이 같은 순한 마음과 영혼으로 되돌아가 일그러진 마음이 회복되는 것을 보았다. 현대의학에서 눈물이 치료제로 연구되고 있는 것은 그 때문일 것이다.

마음이 슬퍼도 울지 않는 사람이 있다. 그러나 어떻게든 눈물을 참는 것이 능사는 아니다. 자연스럽게 울어서 답답한 기분을 풀어버리는 것이 정신건강상 꼭 필요한 일이라고 한다.

눈물을 흘릴 때 몸의 혈액순환이 원활해지고 림프의 순환이 촉진되어 면역력이 높아진다고 한 연구 결과도 있다. 나는 근래에 눈물을 흘리며 운 적이 언제였던가?

세월호가 그 수많은 생명을 실은 채 침몰했을 때 그 어이없는 일에 분노하고 구조과정에서 보여주는 무력함에 기가 막혔으며 그 부모들과 한마음이 되어 바다를 바라보며 울었다. 하나님이 이들의 희생에 뜻하신 바 무엇인가 생각하고 또 생각해도 결론이 나지 않는다. 세상에 이렇게 슬픈 일도 있을 수 있구나. 그러다가 문득 깨달음이 왔다. '이번 일로 우리가 사는 사회가 갖고 있는 부조리를 모조리 다 뜯어 고치려고 그러는구나.' 하는 깨달음. 그것이 몇 십 년이 걸리는 일일지라도 차곡차곡 고쳐 나간다면 우리나라는 진정 살기 좋은 나라로 재탄생하게 될 것이다. 그때 이번에 희생된 젊은이들 영혼은 몇 단계 뛰어넘은 조국의 훌륭한 모습에 스스로 초석이 되었음을 천상에서라도 기뻐할 것이다.

눈물은 마음 깊은 곳에 가라앉은 상처들을 끌어올려 굳어버린 마음까지 연하게 한다. 우리는 살아가면서 쌓인 문제들을 가끔씩 눈물을 통해 극적인 카타르시스를 경험하기도 한다. 울고 나서 후련해지는 것도 평소에 느끼는 카타르시스인 것이다.

심지어 암을 치료하는 데 있어서 먼저 마음의 응어리를 풀어 독을 빼내어야 하는데 가장 효과적인 수단이 눈물이다. 암 환우들을 대상으로 하는 웃음치료와 눈물치료 중 더 효과적인 것은 눈물치료라고 한다.

슬픔에 겨워 큰 소리로 우는 것은 뇌를 다시 한 번 리셋하는 것과 같다고 하는 말을 들었다. 일본에서 류머티즘과 눈물의 상관관계를 연구한 한 교수가 류머티즘 환자들에게 눈물치료를 한 결과 많이 운 환자들에게서 통증을 유발하는 원인물질 수치가 떨어졌음을 확인할 수 있었다고 한다.

이렇게 눈물로서 마음의 병을 치유하는 동안 우리 몸의 병까지도 더불어 낫는 기적을 가져올 수 있다는 것이 신기할 뿐이다.

덮어놓고 참을 일이 아니다. 많은 굴곡이 있는 인생을 살아온 사람이 참고 참다가 몸에 병이 온 것을 보았다. 그것을 해소하는 방법이 의외로 자신의 마음 정화, 눈물로 고치는 것이다.

사람의 감정은 미묘해서 그냥 슬퍼서 우는 것보다 용서의 눈물, 사랑의 눈물, 감동적인 눈물이 한결 효과적이라고 한 말에 귀를 기울여야 할 것이다.

낯선 곳을 향하여

　　　　　책장을 정리하다가 오랜만에 여고 시절 교지를 펼쳐보았다.
　졸업생 앙케이트난에 "장래에 꼭 이루고 싶은 꿈은?"이란 항목이 있었다.
　내 대답은 "세계 일주"라고 되어 있었다. 1960년대 초반인 당시는 모두가 가난한 때였으므로 외국 여행이라는 꿈을 갖는 것만도 사치스러운 일이었다. 그런데도 나는 대책 없이 한두 나라도 아닌 세계를 들먹이며 가슴 부풀어했었다. 타고난 방랑기일까? 바쁘게 등 떠밀려 살아오는 동안에도 조그만 생활의 틈새만 보이면 나는 서둘러 길을 나서곤 했다.

몸이 아프다가도 여행길에 오르면 씻은 듯이 낫는 일이 여러 번이어서 스스로 놀랍기도 했다. 몸보다는 정신이 나를 훨씬 많이 다스리는 듯했다. 그리고는 평소의 생활이 몇 달만 지속되어도 나는 갈증을 느끼며 어디론가 떠나고 싶어 했다.

여행은 일상의 반란이며 새로운 세상에 대한 탐구가 아닌가? 내가 그냥 제자리에 있으면 절대로 내 앞에 와주지 않는 색다른 경험, 그 신비로운 느낌은 늘 나를 손짓해 불렀다. 꿈속에서도 나는 자주 여행자였다. 세계 어느 곳이든 가고 싶어서 자료를 수집하고 준비하노라면 꿈속에서 먼저 그 거리를 걷는 적도 있었다. 그래서 나는 그 준비 기간을 길게 잡는다. 낯선 곳으로 떠나기 전에 준비하는 동안 기대감에 가득 차서 그 나라의 역사와 문화를 공부하는 것이 즐겁다. 나는 이 기간의 흥분을 즐기는 것인지도 모른다.

여행자에겐 언어가 제대로 통하지 않고 관습이 달라도 아무 문제가 되지 않는다. 사람들은 눈빛 하나로도 나눌 수 있는 마음이란 걸 가졌으므로 굳이 말이 필요 없었다. 다른 나라 사람에게서도 마음이 서로 닿을 때가 있는데 그건 참 따뜻한 느낌을 주는 경험이 된다. 낯선 사람끼리 낯선 자리에서 마음을 읽는 일은 퍼즐을 맞출 때처럼 유쾌하고 생기 나게 하는 새로움이었다.

낯선 곳을 향하여

북구北歐의 여정旅程에서 만났던 작은 산골가게 여주인의 풀꽃 같던 웃음이며, 바탐 섬에서 본 우리들의 가이드, 가난한 청년 콜롬버스의 선하고도 슬픈 미소, 어두운 부다페스트의 밤거리에 엉성한 무대를 꾸며놓고 가두연극에 열중하던 젊은이들의 몸짓과 무너진 베를린 장벽 앞에서 시멘트 장벽 조각들을 팔던 남자들의 열띤 눈빛, 아우슈비츠 포로수용소 벽에 걸려 있던 사진 속에서 만난 처참한 포로들의 절규가 담긴 얼굴들이 시공을 넘어 내게 깊이 각인되어 있다.

발칸의 여러 나라는 아름다운 자연과 넓은 국토, 그리고 발달된 문명이 있는 고전적인 곳이었다. 그곳에 사는 사람들은 안정되고 행복해 보였다.

열정적인 사람들의 나라 스페인을 여행하다가 조금은 퇴색한 톨레도를 처음 만났을 때 그 언덕 위의 도시는 전체가 꿈속에 잠긴 듯했다. 예와 오늘이 섞여 졸고 있는 땅이라고 나는 마음대로 이름 지었다.

비 오는 모스크바 강을 타고 흐르며 듣던 그 장중한 러시아 멜로디가 지금도 가끔씩 가슴을 울리고 지나가고 톨스토이가 살던 집에서 녹음테이프로 듣던 그의 젊은 목소리도 잊을 수 없다. 톨스토이 박물관을 오가는 길에서 만난 자작나무숲의 정취는 특별했다. 내가 뭔지 모르게 그리워하던 것들이 거기에 신비한 모습으로 가득히 서서 조금씩 흔들리고 있었다.

　세상엔 눈물겨우리만치 아름다운 정경들이 많아서 우리를 감동시키곤 한다. 그 감동의 순간들을 재생하고 예찬하는 사람들에 의해 예술이 탄생될 것이다.

　로마와 소아시아 초대교회들을 다녀 온 후에 성경은 보다 가까이 나에게 다가왔다. 그것은 책 속에 있는 지나간 역사가 아니었다. 지금도 내 곁에서 살아있는 모습으로 생생하게 이천 년 전을 펼쳐 보여주고 있다. 거기서 살아있는 예수 그리스도를 만난다.

　터키의 에베소와 카파토키아를 다녀와서 새로운 시선으로 성경을 다시 읽고 또 읽었다. 역사가 살아 숨 쉬는 곳으로의 여행은 오랫동안 마음에 남는다.

　어떻게 생각하면 나는 어렸을 때의 꿈을 이루기 위해 날마다 새로운 길을 찾아 나서는지도 모른다. 나의 일상을 접어놓고서야 만나는 또 다른 세계와 시간, 그것은 나를 행복하게 하고 긴장하게 한다. 경이로운 것들에게 쉽게 도취하고 일체감을 느끼는 마음을 주신 하나님께 나는 깊이 감사한다.

　가고 싶은 곳이 생기면 곧 결단을 내리고 떠날 수 있는 용기와 여건을 함께 주신 것을 더욱 감사한다. 그리고 여행에서 돌아와 집에 이르렀을 때의 그 뿌듯한 안도감이 너무나 좋다. 많은 것을 경험하고 지쳐서 집에 오면 집은 두 팔 가득히 내밀어 내게 단잠을 준다. 세상 어디에도 없던 나의 집이 바로 여기에 있다. 나는 반가움에 눈부셔하며 오랜만에 기다리고 있는 집과 나 자신에게로 돌아온다.

다른 나라를 다녀와서 보는 세상은 조금 더 밝게 보인다. 지구 밖에서 지구를 바라보듯 외국에서 보는 우리나라, 우리들의 삶에 대해 객관적인 시선도 갖게 된다. 그래서 우물 안 개구리가 되지 않고 좀 더 넓은 시선을 갖게 되었는지도 모른다.

여행은 하나님이 나의 삶에 내리시는 선물 같은 것이다.

아름다운 별을 찾아

"찌잉 찡." 요란스런 소리를 내며 하늘이 열리듯 천문대 천장이 열리자 도심에서 볼 수 없던 수많은 별들이 한꺼번에 쏟아졌다. 사람들은 떠나갈 듯 "와." 하고 환성을 울리며 비행접시를 탄 듯한 황홀감에 빠졌다. 나는 들뜬 마음으로 천문대의 주관측실로 들어갔다. 백과사전 속의 별이 아니라 밝은 별 목성이 망원경을 통해 너무도 뚜렷하게 손에 잡힐 듯 보여서 탄성을 질렀다.

그동안 너무나 오래 별을 잊고 살아왔다. 모두들 아파트라는 공동주택에 살다보니 하늘을 볼 기회가 별로 없고, 휘황찬란한 인공적 빛 때문에 하늘을 보아도 별이 잘 보이지 않았다.

우리 가족은 별을 보기 위하여 여름에서 가을로 넘어가는 9월 어느 날 영월에 있는 별마로 천문대를 찾았다. 세 아들 내외와 손자손녀까지 합하여 열 명이 넘는 식구가 세 대의 차를 나눠 타고 떠났다. 어린 아이들에게도 좋은 추억이 되리라는 생각에서였다.

'별마로 천문대'. "별을 보는 고요한 정상"이라는 뜻을 가진 이곳에 꼭 한 번 와보고 싶었다.

천문대는 봉래산 해발 800m지점에 있다고 하였다. 동강에서 안개가 자주 끼곤 하는데 안개는 600m 이상 올라갈 수 없어서 망원경으로 별을 보는 데 전혀 문제가 없다. 관측 장소가 800m 아래로 내려가면 안개에 묻히고 그 이상 올라가면 구름에 묻힌다고 한다.

천문대는 오후 3시부터 11시까지 개방한다기에 낮에 영월에 도착해서 책 박물관, 김삿갓문학관 등을 둘러 본 후 어스름 저녁때 봉래산에 올랐다. 천문대를 찾아가기 좋은 날씨는 기상청에서 아무리 '맑음'이라고 해도 안심할 수가 없단다. 기상청은 일상생활을 기준으로 말하기 때문에 '맑음'이 아니라 '구름 없음'이어야 한단다. 그리고 초승달에서 반달로 가기 전까지가 좋으며 반달에서 조금 더 차오르면 관측이 어려워진다.

보다 많은 별을 보려면 가을부터 겨울까지가 가장 좋다. 겨울

철에 천문대까지 오르려면 산 정상을 향해서 가파른 길을 가야 하므로 눈이 쏟아지는 날은 피해야 한다.

  여름철에는 사람이 너무 많고 날씨의 변화가 심하기 때문에 관람엔 적합지 않다.

  특별히 천문대 여행은 기후를 참작해서 잘 골라야 한다.

  우리가 별을 보러 갔던 그날, 하늘은 유난히 맑고 바람도 선선하였다.

  저녁 하늘에는 여름 별자리들이 움직인다. 가장 밝게 빛나며 하프를 연주하는 오르페우스, 그것은 곧 직녀의 눈물이다. 은하수를 사이에 두고 '거문고자리'의 직녀와 '독수리자리'의 견우가 마주 보고 있다.

  저것을 보기 위해 우리는 여기까지 오지 않았던가.

  별마로 천문대가 갖고 있는 주망원경의 집광력은 일만 칠천 배, 어두워서 육안으로 볼 수 없는 별을 선명하게 볼 수 있었다. 우리가 바라보는 별은 오래된 과거이거나 다다를 수 없는 미래라니……. 우리는 시간이 헝클어진 어느 공간에 떠 있는 것 같았다.

  상상력으로 만나 하나 되는 시간, 우리는 어린 시절 신비로운 우주에 대한 동경으로 가득 찼었다. 그러다가 바쁜 세상에 휩쓸리면서 우리도 모르는 사이 꿈을 잃어버린 현대인이 되어 이렇게 모처럼 저 멀리 있는 별을 바라보는 것이다.

산꼭대기는 밤이 되어 기온이 급강하하여 아직 여름인데도 몸이 덜덜 떨려왔다. 우리는 지하에 있는 천체투영실로 갔다. 그리고 넓은 돔 스크린에 가상의 별을 투영해서 천장에 그려진 별자리들을 보고 그 곳 연구원의 설명을 경청했다. 순간 어른 아이 할 것 없이 눈들이 반짝였다. 여기서는 시간과 날씨에 상관없이 밤하늘을 관찰할 수 있게 하였다. 사람들은 꿈을 찾을 듯이 순수한 마음이 되는 것이다.

거의 수평으로 움직이는 안락한 자세로 앉아 스크린을 관찰하는 동안 별자리 찾는 방법, 사계절 별자리, 그리스·로마 신화 등에 대한 설명을 들었다.

매일 밤 백 명이 넘는 사람들이 이렇게 별을 찾아온다는 것만으로도 이 세상은 아직도 꿈을 꾸는 사람들이 많은가 보다. 우주여행을 하고 돌아온 이소연 씨도 지구가 아름다운 푸른색 별이라고 한 걸 보면 이 우주 공간엔 얼마나 많은 별들이 떠 있을까.

우리는 아득한 희망에 대해 '별처럼 빛난다'고 말하기도 하고 연예인이 되어 대중에게 모습을 드러낼 때 '스타'라고 하고, 군인이 고위 장성이 되면 역시 '스타'가 되어 별을 달았다고 한다. 지극히 귀한 것을 사랑하는 사람에게 주고 싶을 때 '하늘의 별이라도 따다 주고 싶다.'고도 한다.

많은 사람들이 좌절할 때마다 힘이 되어 준 건 저 별들인지도 모른다.

  도시 사람들에게 안타까운 일은 요즘들어 별을 보기 힘들다는 것과 무엇보다도 별을 볼 마음의 여유가 없어졌다는 것이다.

  그러나 별을 그리워하는 마음이 되는 것은 살면서 이루지 못한 어릴 적 꿈에 대한 동경이 아닐까 싶다.

  이렇게 별을 찾아 우리 가족이 영월까지 온 것은 참 잘한 일이었다.

  자정이 지나 캄캄한 산길을 자동차의 불빛에 의지하여 봉래산에서 내려와 보니 별들이 쏟아지는 영월은 온통 네온의 빛으로 깜박이고 있었다.

  별빛은 별빛대로 아름다운데 네온은 또 네온대로 현란하였다.

묵향으로 마음을 긋다

은은한 묵향에 젖어 있노라면 어느 사이 마음이 차분해진다. 복잡한 세상일을 잠시 잊고 마음이 넓어지며 편안한 상태가 되는 것이다. 글씨를 쓰기 시작한 것은 얼마 되지 않았지만 나는 붓글씨를 배우기 전부터 먹과 붓 사 모으기를 좋아했다.

컴퓨터나 인터넷이 세상을 바꿔놓았어도 아직도 한 획 한 획 정성들여 글씨를 쓰는 그 시간이 행복하다. 그 시간만이 나를 구원해 줄 듯 나는 붓글씨를 쓴다.

사람마다 생김과 성격이 틀린 것처럼 글씨도 각기 다르다. 심리학자들이 글씨로 사람의 성격도 파악할 수 있을 만큼 글씨는 그 사람을 대변해준다. 한글은 세종대왕 때 창제된 이후 조선조 중엽부터 많이 쓰이게 되었는데 처음에는 판본체 같은 형태였다고 한다.

서사연구가 점차 체계화 되어 숙종 대에 이르러서는 아름다운 궁체를 이루게 된다.

궁체는 옛날 궁중에서 궁녀들이나 양반가 여인들이 쓰던 글씨체가 발달된 것으로 부드럽고 우아한 것이 특징이다. 붓글씨는 그 자모를 분석해서 평가할 때 까다롭고 어려운 게 특징이지만 그중에서도 궁체는 몇 십 년을 연습해도 쉽지가 않다. 너무나 도도하고 단아해서 감히 곁에 갈 수 없는 여인처럼 아득함을 느낄 때가 있다.

붓을 자유자재로 구사할 수 있게 되기까지는 오랜 시간의 숙련이 필요하다. 그중에서도 궁체는 힘이 있어야 하며 제대로 힘을 줄 곳과 힘을 뺄 곳이 있어서 몸이 아프거나 마음이 산란하면 글씨를 제대로 쓸 수 없다. 힘 있게 긋는 모음과 자음 획이 어울려 서로 강한 듯 부드러운 듯 절묘한 조화를 이루어 쓰는 이의 정성을 필요로 한다. 붓에 온 정신을 모아 한 자 한 자 써야 한다.

궁체를 쓸 때는 힘은 획 속에 들어있고 겉은 고와야 하며 멈추는 듯 흐르는 듯, 힘을 안배해야 한다. 아래로 획을 내려 그을 때는 숨을 멈추고 힘주어 내려 긋다가 붓끝을 모아 짧게 뽑아야 한다. 첫 획은 언제나 당당하게 힘 있게 써야 한다.

그리고 붓을 놓을 때는 끝까지 흐트러짐 없이 탄력 있게 마쳐야 한다. 화선지에 정성들여 쓴 글이 조금이라도 삐치거나 조화를 잃으면 금방 눈에 띄는 모난 구석을 느낄 때도 있다. 쓰면 쓸수록 붓글씨는 어렵다는 것을 느낀다. 궁체는 사대부 집안의 여인들로부터 일반 서민에 이르기까지 널리 사랑을 받다가 영·정조 대에 이르러서 절정을 이룬다. 또한 이때는 문예부흥기로서 국문학도 깊이 연구된 때이다. 뿐만 아니라 여류문학과 서민문학이 활발했던 시기이기도 하다.

옛 사람들이 쓴 달필의 흘림체를 보면 그 글의 내용에 따라 가락의 멋과 장단, 흥취까지 느껴질 정도로 우아하다.

너무나도 오랜 정진을 요구해서 삼사십 년이 지나야 되는, 도 닦기를 뒤늦게 시작한 나로서는 갈등을 느낄 때도 있음을 고백하지 않을 수 없다.

그러나 한획 한획 묵향에 젖으며 정성을 모으는 시간, 머리는 맑아지고 마음이 깨끗해짐은 서예의 빼놓을 수 없는 매력이다. 마음이 헝클어지면 절대로 아름다운 글씨를 쓸 수 없으니 이 또한 자기극복의 한 방법이 아닐까. 다른 잡념을 다 버리고 오로지 한 가지 일에 집중하는 자세에서부터 시작하여 평생을 숙련해가는 동안 도도한 명필이 생겼다고 생각한다.

많은 날들이 지나고 좋은 시를 숙달된 글씨로 써서 바라볼 때 화선지의 여백이 완벽하게 아름다워지는 순간이야말로 내가 추구하는 또 하나의 기쁨의 경지일 것이다. 아니, 그보다는 화선지에 글씨를 써나가는 자세, 그 추구의 시간이야말로 정말 귀한 것은 아닐까. 가슴 두근거리며 화선지와 마주 앉아서 정신을 집중한다. 무엇에건 마음을 집중한다는 그 일념의 상태가 나는 다시없이 좋다.
　오늘도 늘지 않는 글씨를 쓰며 내 마음의 고요와 만난다.

3부

내 잔이 넘치나이다

오지 않은 딸에게

　　　　조용한 오후, 향기로운 찻잔을 들고 창가에 선다. 감미로운 바이올린 협주곡을 크게 틀어놓고 청소하고 빨래하다 보니 오전 시간이 어느새 지나갔다. 갑자기 너무나도 조용해졌다. 겨울 햇살이 다사로운 양지쪽에 서서 말없이 시간이 흐르는 소리를 듣는다.
　이럴 때 네가 있다면 얼마나 좋았을까…….
　내 속내를 그대로 나눌 수 있는 네 목소리를 들을 수 있다면 나의 삶은 한결 풍요로울 것이다. 세상을 살면서 남을 별로 부러워해 본 적이 없는 내게 친구 모녀의 다정한 눈빛이 두고두고 잊히지 않는 건 한낱 부질없는 욕심일까.

　유난히 예쁜 원피스와 땋아 내린 갈래머리에 대한 향수를 갖고 있었지만 아들을 셋이나 낳기까지 넌 내게 오지 않았다.

　삼십 대 젊은 시절, 딸이 없으면 나이 먹은 뒤에 외롭다고 나를 걱정해 주시던 시어머님의 말씀을 별 느낌 없이 들었었다.

　그러다가 길가에서 예쁜 소녀를 만나면 안아보고 싶었고 여대생이 된 친구의 딸들이 눈부시게 성장하는 모습을 보며 비로소 나에게 딸이 없음을 실감했다.

　그래, 넌 내 가슴속에서만 자라왔다. 또 하나의 내가 되어 젊고 발랄한 표정으로, 나의 그림자로 살아왔다.

　나는 자주 내 속의 너와 대화하곤 했었지. 얼굴도 목소리도 알 수 없는 마음속의 대화지만 나에겐 적잖은 힘이 되곤 했었다. 네가 실제로 내 곁에 있다면 나는 아마 너와 무진장 많은 여행을 했을 것이다. 아무데로나 정처 없이 다니는 여행, 마음 내키는 대로 며칠씩 머물기도 하고 끊임없이 떠나기도 하는 여행을ㅡ. 우리는 말없이 온종일을 걸어도 좋을 것이다.

　세상의 아름다움에 함께 잠기며 고즈넉한 저녁 빛의 아득함도 함께 맛보면서 나는 얼마나 마음 든든할 것인가.

　그리고 나는 너와 함께 요리하는 시간도 즐길 것이다. 생활인으로서 맛있는 음식을 만들어 가족들과 나누는 일이야말로 사랑을 나누는 중요한 순간이기 때문이다.

또 나는 네가 능력 있는 여자가 되는 걸 강조했을 것이다. 무슨 일이든지 잘 해낼 수 있고 누구에게나 인정받는 적극적인 성품이 얼마나 중요한지를 누누이 설명했을 것이다.

최선을 다하며 살거라. 받은 달란트를 사장시키지 말거라. 결코 게으름은 네 곁에 두지 마라. 특별한 취미를 가져라…….

아마도 나는 네게 잔소리꾼이 되었을 것이다. 그러나 그 이전에 내 딸이라면 너는 이미 그런 성품을 타고 났을 것이다.

"쟤는 못 말려. 꼭 나 젊을 때 같다니까."

어쩌면 이렇게 흐뭇해하며 널 바라보고 있을지도 모르겠다.

외출하는 엄마에게 옷을 멋지게 코디해주고 액세서리를 골라주는 조언자, 엄마의 글을 읽고 냉정한 평을 아끼지 않는 수준 높은 젊은 독자로서 너는 정말 훈훈한 우군이었을 것이다.

데이트에서 돌아오면 사귀고 있는 남자에 대해 눈빛 반짝이며 얘기하는 사랑의 전령사를 나는 얼마나 바랐던가.

우리는 사랑의 본질에 대해, 사랑하는 방법에 대해, 보다 멋진 사랑의 기법에 대해 자주 토론했겠지. 넌 나에게 구태의연하다고, 요즘 젊은이들은 그런 식으로 사랑하지 않는다고, 가끔 면박도 주었겠지. 나는 그러는 네게서 젊은 세대의 사랑법을 배우겠지.

가끔은 나란히 목욕탕에 가서 서로 등을 밀어주고 빨개진 뺨으로 돌아오는 길에 한창 풋풋하게 젊은 또 하나의 나를 바라보며 마음 뿌듯했을 것이다.

봄날 토요일 오후 모처럼 엄마와의 데이트를 위해 바바리코트 안에 물빛 스커트를 나부끼며 달려오는 네 모습을 바라보면서 나는 얼마나 가슴이 두근거렸을지. 나는 간절한 마음으로 기도할 것이다. 저 사랑스런 딸을 하나님께 맡기겠노라고. 하나님의 크신 은총이 그의 평생에 가득하시기를…….

이름도 없는, 사랑하는 내 딸아. 그러나 한편 생각해 보면 너는 어쩌면 나에게서 외로움을 빼앗지 않으려고 오지 않았는지도 모른다.

네가 내 곁에 든든하게 있는 한 나는 외로울 틈이 없을 것이므로 내게서 끊임없는 사유와 자기극복의 과정을 이루게 하려고 너는 내게 오던 발걸음을 멈추었는지도 모른다. 그리고 내 안에서 끊임없이 깨우치며 당겨주어 젊음에서 멀어지지 않게 긴장시키고 있는지도 모른다.

내 가슴의 애틋함, 아픔 같기도 하고 그리움 같기도 한 것은 내 딸이 준 것이라고 자랑해야 하지 않겠니?

유모레스크(Humoresque)의 추억

내가 처음 〈유모레스크〉를 들은 것은 열다섯 살 봄이었다.

마치 숲 속에 들에 아름답게 피어나는 꽃들을 경이로운 마음으로 노래한 것 같았다. 아니, 밤하늘의 황홀한 별을 이야기하고 있는 것도 같았다. 우아한 가락에 조금은 슬픔이 서려있는 듯 애조 띤 선율이 오래 잊히지 않았다.

아마도 이 곡을 처음 듣던 날의 놀라운 감동이 내 가슴에 깊이 각인 되었나 보다.

맑고 친밀감을 주며 뭔지 모를 그리움에 젖게 만드는 이 노래를 들으면서 나는 키도 마음도 성큼 자랐던 것 같다.

마침 그해 가을, 학교에서는 두 달 후, 반 대항 합창 콩쿠르가 열린다고 발표했다.

지정곡은 하필 안토닌 드보르작의 〈유모레스크〉였고 자유곡은 대다수 우리 반 학생들이 원하는 대로 호손의 〈희망의 속삭임〉으로 결정되었다.

정규 수업이 끝나면 음악실로 달려가서 노래연습을 시작했다. 특히 G장조로 연주되는 선율이 말할 수 없이 좋아서 나는 이 노래를 할 때면 꿈꾸는 듯 환상 속에 잠겨들었다. 나도 내가 노래를 이렇게 좋아하게 되리라고는 생각하지 못했다. 반에서 뽑힌 반주자와 지휘자의 지시에 따라 우리는 일사분란하게 움직였다.

곡목의 특징과 감정까지 넣어가며 주어진 노래를 완전히 마스터했다. 상급생 중에서 음악에 뛰어난 선배가 있으면 선배 모셔오기 쟁탈전이 벌어졌다. 그래서 그 선배한테 우리 반 노래를 들려주고 모자란 점은 지도받아가며 고쳤다. 우리는 음악을 통해 협동심을 기르고 하나가 되는 법을 배웠다.

나는 여기저기서 합창 소리가 끊이지 않는 학교 분위기가 너무나 정다웠다. 밤늦게까지 노래 연습을 하고 인적 드문 언덕길을 내려오면서 밤하늘의 별들을 바라보았다. 저 별들까지 우리들의 학창시절을 축복해 주는 듯했다.

가을마다 아름다운 화음을 통해 서로를 이해하고 사랑하는 이 합창 콩쿠르는 우리 학교의 특별한 전통으로 남아 그 후까지 이어졌을 것이다. 어느 반이 일등을 했는지 어쨌는지 기억이 나지 않는 걸 보면 그 당시의 우리들에게도 콩쿠르 성적은 문제가 되지 않았던 것 같다.

대학을 졸업한 후 D사에 입사했다. 부서마다 부원들이 바쁘게 일하고 있었는데 선배의 소개를 받으며 일일이 인사를 다녔다. D사는 당시 국내 굴지의 회사로 종업원만도 천 명이 넘는 대형 출판사였다.

출판사에서 하는 일이 손에 익을 무렵 나는 같은 부서에서 일하는 Y 씨와 각별한 관계가 되었다. 그는 예능에 남다른 센스가 있었고 신선한 느낌을 주었다.

그와 같이 하는 직장생활도 활기차고 출판사 일도 적성에 맞아서 한창 능률이 오를 즈음, 어느 날 그는 나에게 크리스마스 선물이라며 납작한 꾸러미를 주었다. 열어 보니 LP판이었다. 그때는 CD나 카세트 테이프도 없을 때였다. 그 LP판에 세계 명가곡이 여러 곡 수록되어 있었는데 그것을 틀자 바이올린 연주의 〈유모레스크〉가 맨 처음 흘러나오는 게 아닌가!

내가 그에게서 처음 받은 선물이 바로 〈유모레스크〉였던 것은 우연이 아닌 것 같았다. 그 LP판을 반복하여 몇 번이고 들으며 나는 잊었던 여학교 때의 감동을 다시 느낄 수 있었다. 잠시 잊었던 꿈을 다시 찾은 기분이었다.

그 환상적인 음률은 직장여성이 된 내게까지 감성을 불러일으키기에 손색이 없었다. 언덕길과 밤하늘의 별들과 미래를 향해 달려가던 날들이 되살아났다.

그로부터 40여 년 많은 세월이 흘러갔고 정치·사회의 격변기를 살아왔지만 우리들의 지나 온 삶은 〈유모레스크〉의 선율 같아서 템포가 빨랐고 때로는 경쾌하게 때로는 우울하게 흘러갔다.

가끔 삶이 심드렁해지거나 의기소침해질 때면 나는 자가치료 방법으로 〈유모레스크〉를 듣는다. 그리고 스스로 회복되어서 내 자리로 다시 돌아온다.

내게 있어서 모든 것을 내려놓고 듣는 이 곡은 가슴에 있는 파도를 잠재우고 잔잔하게 하는 특효약이다. 음악이 우리에게 주는 용기와 위안은 실로 위대하다.

이사할 때마다 아들들이 이제 그만 버리자고 해도 나는 머리를 가로젓는다. 그것은 모르는 소리다. 어느 삶에 굴곡이 없고 밝음과 어둠이 교차하지 않았겠는가? 나는 내가 살아 온 삶의 그늘과 양지가 〈유모레스크〉를 닮았다고 생각한다.

꿈 많던 시절의 환상적인 멜로디는 지금도 나의 가슴에 그대로 남아있어서 언제까지나 내 중심의 샘으로 솟아오른다.

내 잔이 넘치나이다

　　　　사방은 아름다운 색깔로 가득하다. 노란 은행잎이 한창인 나무에 햇살이 내리쬔다. 햇살은 어디에 닿느냐에 따라 선명하게 그 색깔의 뼈대까지 투사한다.
　깊은 가을 아름다운 것들을 오래도록 바라보고 있으면 눈물이 난다.
　또 한 해가 간다. 누구에겐들 세월 가는 게 아쉽지 않을까만 요즘 들어 나는 다시없이 한해 한해가 소중하고 감사하다.
　11년 전 나는 뇌졸중을 앓았다. 20년간의 제조업 사업을 접고 나서 오랫동안의 꿈이었던 글쓰기에 빠져서 정신없이 지낼 때였다. 갈급하던 목마름이 있었기에 많은 책을 읽으며 여행도 자주 다니고 있었는데 느닷없이 찾아온 병마였다.

마른하늘에 날벼락이었다. 평소에 혈압도 평균보다 약간 낮고 콜레스테롤 수치도 높지 않아서 전혀 무방비 상태였다. 나는 오히려 덤덤했다, 아니 아무런 정신적 고통이나 불편도 느낄 수 없었다. 중년에 찾아온 위기로 인하여 내 삶은 깊은 구렁으로 빠져들기 시작했다. 남편은 무척이나 낙심했다. 발병 후 삼 일쯤 지나자 비로소 오른쪽 팔이 부자유하고 발음이 어눌해졌다. 이 모든 것이 멀리서 일어나고 있는 일 같았다.

실생활에서 아무렇게나 조잘대곤 하던 말을 마음대로 할 수 없었다. 평소에 호들갑스런 성격도 아니라서 내 감정 표현을 아무에게나 하지 않는 과묵한 성격이기는 하였다. 그러나 말을 할 수 없다는 것은 심각한 문제가 아닐 수 없었다.

이때부터 나의 투병생활이 시작되었다. 매일 아침이면 남편의 권유에 따라 하루에 한 시간씩 비가 오나 눈이 오나 중앙공원을 걸었다. 오른편 발이 걸을 때마다 조금씩 끌렸다. 오른편 손은 힘이 없어서 그릇을 놓치기가 일쑤였고 병마개를 따거나 병뚜껑을 여는 일은 너무나 어려웠다.

남편은 세상의 모든 일을 버리고 나와 시간을 같이했다. 그는 공원을 걸으며 꽃 이름 외우기, 산 이름 외우기, 강 이름 외우기 등 연상법을 써서 기억력을 회복시키기에 적극적이었고 또 끝말 이어가기 등 끊임없이 머리를 훈련시키느라 힘쓰고 집에 돌아와서는 식사 준비도 직접 했다. 나는 손님이 와도 어서 오시라는 인사도, 차 끓여서 대접해야 한다는 생각도 없이 그냥 앉아 있기만 했다. 아무런 생각도 나지 않았다. 미식가였지만 직접 요리한 적은 없었던 그가 도맡아서 밥을 했다. 그러는 동안 내 머릿속에서 모든 것은 안개 속처럼 희부옇게 되어 갔다.

나는 점점 말이 없어져 갔다. 남편이 묻는 말에 짧게 대답은 했지만 머릿속으로는 많은 얘기가 오가면서 그것을 실제로 말로 옮기기가 너무나 힘들었기 때문이었다. 이렇게 아무런 계획도, 의욕도 없는 하루하루가 가고 있었다.

오후에는 동화책을 펼쳐놓고 소리 내어 읽었다. 자주 틀렸으나 개의치 않고 읽어갔다. 나의 모든 의식이 점점 안개 속으로 잠겨 들고 있다는 것을 어슴푸레 느낄 뿐이었다.

이렇게 해서 일 년간 칩거하는 동안 나는 자연과 더불어 살았다. 다음 해 봄이 되면서 아직도 여러 가지 약해진 부분은 있었지만 나는 일상생활로 조심스럽게 복귀했다. 이렇게 되기까지 남편의 끈질긴 노고가 있었음은 두말할 나위도 없다. 그는 끊임없이 나를 위로하며 격려했다. 일 년 동안 헌신해 준 남편은 마치 나를 위해 태어난 사람 같았다. 나는 달라진 나에 대해 냉정한 판단을 내리면서 말도, 운전도, 생각도, 판단도 느리게 한다는 생각으로 그동안 조심스럽게 살아왔다.

세상에서 겁낼 것 없이 나 자신의 생각에 따라 거침없이 다니던 길이 어느 날 없어져 버린 것이다. 그리고 자신감에 차서 혼자서도 넉넉히 해낼 수 있다고 믿은 것이 얼마나 헛된 꿈인가! 병에 걸리고 보니 타고났다고 자만하던 명석함과 판단력이 다 어디로 갔단 말인가. 그때야 비로소 슬픔이 몰려왔다. 가을이 가는 것을 깊은 우울과 함께 물끄러미 바라볼 뿐이었다. 의사는 그런 나에게 우울증 약을 처방해 주었다. 우울증 약을 먹으니 모든 것은 흐릿해지고 낮이나 밤이나 잠만 자고 싶었다. 아무런 생각도 할 수 없었다.

남편은 그 이후로 지금까지 나의 모든 일에 관심을 갖는다. 아기 보살피듯이 내 일거수일투족에 주의를 게을리하지 않는다. 그래서 오늘날까지도 세심히 나를 챙겨준다. 나는 그런 남편을 보며 인연이란 것에 대해서 가끔 생각할 때가 있다. 우리는 제 각기 세상에 왔는데 하필 우리가 서로 만나게 된 일은 보이지 않는 섭리에 의한 것이다.

도대체 어떤 끈으로 묶였기에 부부는 삶의 코너에 몰렸을 때도 힘을 합치면 세 배, 네 배의 힘이 나오는지 나는 아직도 모르겠다.

나뭇잎이 떨어진다. 가을이 오고 붉게 물든 메타세쿼이아를 아무 생각 없이 종일 바라보던 11년 전의 나는 이제 없다. 다만 말하는 것이 아직도 좀 불편하고, 생각하는 것이 언제나 한 걸음 늦어서 걱정이지만, 겉으로 보기에는 아무렇지도 않아 보인다. 그 후 나에게는 한 가지 특징이 생겼다. 길을 가다가 아픈 사람을 보면 그 마음속까지 환히 들여다보이고 어떻게든 이겨내라고 손잡고 응원하고 싶어진다.

사람들은 묻는다. 어떻게 그렇게 씻은 듯이 병이 나았느냐고, 어떻게 치료했느냐고 궁금해한다. 그러나 나는 안다. 우주를 다스리는 분의 마음에 닿은 나의 열망을. 그리고 내 곁에서 나를 응원해준 그의 박수에 힘입어서 나는 다시 일어선 것이다.

여름내 짙푸르던 녹음이 어느 순간 노랗게 물들었다. 이제 노란 잎도, 빨간 잎도 파란 잎도 나름대로 있어야 될 이유가 있을 거라는 낮아진 마음으로 살아야 되겠다. 둘러보아가면서 살아간다는 것은 몇 배로 사는 일 아닌가.

남편은 내게 말한다. 사람이 살아가는 데 겸손이 가장 소중한 덕목인데 내가 그것을 놓칠까봐 그런 병이 온 거라고. 지금껏 너무 달려 왔으니 천천히 가도 된다고―.

주여, 내 잔이 넘치나이다. 나는 이 말밖에 할 말이 없다.

숲 속에 두 갈래 길이 있었습니다

뒤돌아보면 지나간 세월은 아름답게 놓여있다. 이만큼 삶을 순탄하게 이뤄낼 수 있었음은 얼마나 큰 하나님의 은총이었는지, 나는 진심으로 감사하고 있다. 지금 생각하면 나에게 다시 젊음이 주어진다 하여도 지금까지 살아온 것보다 더 열심히 살 수는 없을 것 같다. 주어진 한 시간 한 시간을 조금도 낭비하지 않고 달려왔더니, 나의 젊음은 너무도 순식간에 지나가 버렸다.

유신정권이 한창일 때, 나는 젖먹이로부터 연년생인 세 아들을 키우느라 쩔쩔매고 있었다. 가난하지만 꿈과 사랑에 가득 차 있던 소중한 때였다. 학창시절까지 내가 놓지 않고 있던 시를 써야 한다는 생각은 잠시 접어 둔 채 나는 생활인으로서 당시로서는 생소하기 그지없는 피혁소품 가내공장을 시작하게 된 것이다.

1970년도 우리나라에는 남자들이 양복바지에 착용하는 가느다란 '혁대'가 있을 뿐이었다. 여자들의 벨트라는 것은 전혀 없는 상태였다. 나는 젊은 나이의 여성답게 어떻게 하면 남성들과 차별화된 여성상품을 만들 것인가 궁리했다. 새로운 것을 창조해야 한다는 생각만으로도 흥분이 되었다.

외국에서 매달 수입해오는 프랑스, 미국, 일본 등지의 의상, 액세서리를 다룬 패션잡지를 보면서 내가 관심을 갖게 된 것이 피혁소품이었다. 핸드백, 손지갑, 벨트 그런 것들이 필요한 소품차원을 떠나 멋을 위한 액세서리로 이용되는 것을 보면서 나의 관심을 끌기 시작했다.

당시 1970년대에 진입하여 우리나라가 한창 산업화되어가고 있는 과정이었다.

외래품을 수입하는 것이 불가능했고 고작 간단한 식품이나 기호품만이 비공식적으로 암거래될 때였다. 나는 며칠을 두고 생각하였다. 그래, 저것을 만들어 보자. 그래서 우리의 시중에 없는 물건을 만들어 상품화 시킨다면 얼마나 좋은 일일까!

저녁이면 직장에서 돌아온 남편과 연구하며 밤늦도록 샘플작업에 몰두했다. 필요한 설비, 자재구입, 제조방법, 아무것도 아는 게 없었다. 자문 받을 데도 없었다. 다만 남편의 손재주가 좋다는 것을 알고 있었기 때문에 용기를 낼 수 있었을 것이다. 무작정 시도하고 연구했다. 좁은 아파트의 거실은 점차 작업장으로 변해 갔다.

지금 생각하면 단순한 상품 제작이었지만 남편이 만들어낸 작품은 주목을 끌만한 상품이 될 것이라는 믿음과 기대를 가지고 있었다. 그러나 판로가 문제였다. 종로, 명동을 위시한 점포에 위탁판매 형식으로 거래를 시작했지만 생소한 상품이라 많이 팔리지 않았고 자본도 달리는 처지에 계속 만들기도 어려웠다. 궁리 끝에 나는 명함을 찍고 샘플을 만들어 백화점 구매과를 찾아 갔다.

당시 직영 매장으로는 신세계, 미도파 본점 백화점밖에는 없었다. 신세계 백화점 아동용품 담당 바이어는 샘플 중에서 아동용 벨트를 마침 찾고 있던 상품이라며 선뜻 500개를 발주하였다. 미도파 백화점에서도 쉽게 거래가 시작되었다. 매장 반응은 아주 좋았다. 그 밖에도 몇 군데 매장에서 호의적 반응을 보여서 가내수공업 공장은 이제 제대로 돌아가기 시작했다. 용기를 얻어서 새 상품 개발에 착수하고 공장도 계약하였다.

마침내 영업자 납세증을 내고 본격적인 거래를 하기 시작하였다.

몇 달 후에는 수십 가지의 여성용 벨트가, 일 년 후에는 여자용 손지갑이 여러 가지 디자인으로 제작되었다. 갖가지 색깔로 염색된 천연 소가죽의 화려한 색상을 이용한 손지갑은 선물용 상품으로 최적이었다. 매출은 계속해서 상승곡선을 그리고 있었다. 추석이나 연초 연말이 되면 선물 세트를 만드느라 꼬박 밤을 새우곤 했다.

하루에도 이곳저곳 백화점 매장을 뛰어다니며 여러 바이어, 매장담당, 소비자, 구매자 반응을 조사하고 연구하였다. 공장에 돌아와서는 구매자의 반응을 반영시키고 또 다른 상품개발에 열중하느라 하루 열두 시간 근무도 모자랄 지경이었다.

우리 아이들은 고맙게도 저희들끼리 어울려 착하고 건강하게 자라주었다. 나는 틈틈이 애들의 자라는 모습을 사진에 담아 각자의 앨범을 만들어주고 초등학교 입학까지 육아일기도 썼다. 그들에게 기념될 만한 상장이나 작은 기록까지 전부 모아서 스크랩해 두었다. 애들이 장성한 뒤에 엄마의 귀한 선물이 될 것이라는 생각에 바쁜 시간을 쪼개어 썼다.

1980년대 들어 공장은 영세 규모이기는 했지만 매출은 계속 늘어났다. 그러나 우리의 제품은 모든 공정이 수작업으로 하는 다품종 소량 생산품이어서 애로가 많았고 늘 바빴다. 백화점가에서는 우리 업체를 정평 있는 거래처로서 인정해주었다.

그리고 백화점 매장마다 좋은 평판을 들으며 상품이 팔려나가고 거리에서나 모임에서 우리 상품을 애용하는 사람들을 볼 때, 쾌감을 느꼈다. 히트 상품이 터질 때마다 뿌듯한 성취감도 맛보았다. 그리고 의상에 어울릴 벨트 제작을 해야 했기 때문에 의상의 유행과 색상에 대하여 늘 관심을 갖고 공부해야 했다. 그렇게 십오 년을 번창해갔다 그 때 우리나라에서도 문호를 열고 해외여행을 허용하기 시작했다.

이태리 프랑스 미국 등 자주 출장 가서 관광지는 제쳐놓고 상품에 관한 조사를 하고 샘플 구입, 공장 견학 등으로 바쁘게 다녔다. 이태리, 프랑스 일본 등지에서 발간되는 전문적인 잡지도 구독하며 연구했다. 소비자 패턴도 외국의 유명브랜드 선호사상으로 바뀌고 피혁제품 제조업체에도 노동 운동이 거세게 파급되었다. 난립하는 백화점마다 판매사원을 보내야 했다. 바야흐로 소비자 분산시대가 온 것이다. 십오 년을 내가 해 온 이 일을 획기적으로 바꿔 새 시대에 맞게 개혁하느냐 아니면 축소하느냐 그것은 기로였다.

우리나라가 불모지인 때에 이 일을 시작하여 노하우와 숙련된 기술팀, 그리고 관련업계에서 신용 있고 성실한 업체로 인정받고 있는 것이 우리의 재산이었다.

그러나 이 시점에서 나의 남은 삶을 모두 걸어야 할 것인가?

지금의 나에게 가장 중요한 것이 무엇인가? 세 아들과 가정, 그리고 나 스스로에게 해야 할 일들이 숙제로 남아 있었다. 가난을 벗기 위해 시작한 이 일이 나에게 큰 성취감을 준 것은 사실이다. 내 젊음과 정성을 쏟아온 일이니만큼 애착도 컸다. 나의 한쪽에서는 사업에 대한 끊임없는 승부욕이 불타고 있음도 숨길 수 없었다. 그러나 나는 일에 매달려 한번 뿐인 삶을 끝내고 싶지 않았다.

-이 모든 일들이 종래에는 헛되고 헛된 것이라는 결론을 갖게 하리라. 그동안 일에 열중했던 것처럼 내가 진실로 만족할 수 있는 생활의 의미를 찾아보자.-

나는 마침내 오 년간의 사업정리 계획을 세우고 사업체를 축소시켜 나가기 시작했다. 후퇴하는 용기가 더욱 중요하다고 하지 않던가. 나는 시작할 때 못지않은 용기로 끝맺음을 해나갔다.

나의 가장 빛나는 시절, 삼사십 대를 그렇게 보내고 나는 오십부터 다시 새 인생을 시작했다. 프로스트가 가지 않은 길에 대해서 노래한 것을 나는 몸소 겪어내며 살리라. 그래서 소박한 글을 쓰리라. 진실로 감사하면서 나 스스로를 사랑하면서, 내가 하고 싶은 일에 몰두하는 것은 얼마나 큰 축복인가!

바로 지금 나이

　　　　　힌두교도 사원인 말레이시아 바투 동굴은 높은 산에 있어 까마득한 돌계단을 걸어 올라가 동굴 안에 들어서면 광장이 있었다.
　그런데 바투 동굴에 오르내리는 272개의 계단에 어떤 의미를 부여하고 있다는 그곳 사람들 이야기를 들으면서 무슨 이야기일까 궁금한 마음이 들었다.
　그들은 사람이 평생 짓는 죄가 272항목이라고 한다. 사람들은 이 계단을 힘겹게 오르며 자기가 지은 죄를 다시 한 번 생각해 보고, 이 동굴에서 내려올 때, 그 죄들이 사해지도록 기원한다는 것이었다.

까마득하게 뻗어있는 계단을 오르는 사람들 앞에 원숭이들이 나타나 재롱을 떨며 땅콩 던져주기를 기다린다. 원숭이들은 여행객들과 어울려 앞서거니 뒤서거니 층계를 오르내린다. 사람들은 깔깔대며 높은 계단이 앞에 있다는 것쯤 잊어버린 모양인지 웃으며 올라간다.

죄투성이 힘겨운 인생길에도 간간이 위안은 있는 거구나 생각하며 숨 가쁜 오르막길을 쉬엄쉬엄 장난치는 원숭이들과 놀아가며 오르자 어느새 동굴 입구가 보인다.

바쁘고 힘든 삶이지만 살아가는 사이 즐겁고 기쁜 순간들이 있게 마련이니까.

사람들은 그래서 고통스런 삶도 사랑하게 되나 보다. 까마득히 아래로 뻗은 계단을 내려다보며 문득 그런 생각에 잠겼었다.

그리고 내 지나온 삶을 되돌아보는 짧은 시간이기도 했다.

나이를 먹는다는 것도 젊었을 때와는 그 느낌이 다르다. 대학을 졸업하고 결혼하고 아이를 낳고 정신없이 보낸 20대는 초스피드 시대였다.

삼십 대는 겁 없는 나이였다. 미지수인 앞날을 향해 마구 달리는 힘이 가득한 시기에 세 아이의 엄마가 되어서 그냥 무턱대고 달려간 열정적인 때였다. 진창에 빠지기도 하고 돌부리에 차이기도 했지만 대수롭잖게 여겼다. 바쁘고 바쁜 나날, 하루가 모자라서 가불해 쓰고 싶던 날들, 잠시도 쉴 틈이 없었다.

사십 대야말로 왕성하게 움직이던 최고의 날들이었다. 세상은 온통 나를 위해 펼쳐놓은 무대였다. 그때 나는 사람이 늙는다는 것과 나와는 아무런 상관이 없다고 생각했다. 노인은 노인일 뿐, 나도 그 늙음으로 가고 있다는 걸 실감할 수 없었다.

한때 〈아직은 마흔아홉〉이라는 드라마가 인기였다. 사십 대를 벗어나기 싫어서 모두들 '아직은 마흔아홉'을 삼 년간 버틴다고 했다. 아직은 마흔아홉, 만으로는 마흔아홉, 마음은 아직도 마흔아홉이라고 한다던가.

그러다가 오십 대에 들어서서 일이 년 지나면 느긋해진다. 그리고 오십 대야말로 은혜로운 나이인 것을 깨닫는다. 마음도 따라서 너그러워진다.

오십 중반에 이르면 길을 가다가도 멈춰 서서 뒤를 돌아보게 되고 길섶에 핀 꽃도 다시 한 번 들여다보고 하루 중에 한 시간쯤은 아무 생각 없이 멍하니 쉬고 싶어진다. 자녀들이 결혼을 하게 되고 귀여운 손자도 태어나고 부모님이 병들고 돌아가시는 힘든 일도 치러내면서 정신없이 바쁘게 산다.

그러나 '바로 지금 나이'가 가장 좋은 나이라고 한다. 젊음은 상대적이므로 5년 후의 나보다 지금의 내가 훨씬 젊기 때문이다.

인간이 태어나서 죽음에 이르기까지의 과정, 우리는 지금 그것을 체험하고 있는 것이다. 몸과 마음이 눈에 안 띄게 늙어가면서 변화하는 경로가 발달과정이라면 늙음도 퇴보가 아닌 발달로 받아들이는 당당함이 있어야 하겠다.

은혜로운 나이 50대를 거쳐 축복의 나이 60대에 이르러서는 내 삶에 내려졌던 경이로운 일들을 하나하나 세어보고 싶다.

나이야 70이든, 80이든 지금 이 마음의 윤기를 오래도록 간직하고 싶다.

그리고 내게 주어진 삶의 마무리 단계를 예비하기 위해 어제보다 더 부지런해져야겠다. 끝까지 자신의 내면세계를 닦고 보수하는 일에 최선을 다해야 할 것이다.

젊음은 어쩔 수 없이 스러지고 여성인지 남성인지도 알아보기 어렵게 무디어지기 쉬운 때, 하나의 온전한 인간으로 바로 서서 이제는 아름다운 향기를 나누어야 할 것이다. 나이가 몇이냐 하는 것은 중요하지 않다. 사람의 영혼이 얼마나 깨어 있느냐에 따라 그 삶은 달라진다. 지긋한 나이에 이르면 겸허와 감사가 특징이 아닐까. 세상 앞에서 겸허해질 수 있는 마음가짐이야말로 젊은 사람들에서는 찾기 힘든 것이다.

인생의 진정한 발달과정을 스스로에게 그리고 주위사람들에게 몸으로 보여주게 되기를 간절히 소망한다.

오래오래 흔드는 손

 늘 걱정이 많으시던 어머니, 활짝 웃는 얼굴보다 걱정에 잠긴 어머니 표정이 언제나 떠오른다. 모두 아홉 남매를 낳아 키우다가 아들 하나, 딸 하나를 홍역으로 잃고 어머니는 칠 남매를 길렀다. 막내까지 모두 중년을 넘긴 나이인데도 오로지 자식 걱정밖에 모르시는 어머니. 자녀들의 삶이 당신 생애의 목표인 듯, 바르던 정신이 이제는 자주 깜박이는 시점에 와서도 제일 큰 관심사는 가족들의 건강과 평안이다.
 여러 자녀 중에 누구는 하는 일이 잘 안 되어서 걱정, 또 누구는 몸이 약해서 걱정, 누구는 쌀쌀맞은 배우자에게 구박받지 않을까 걱정, 온통 걱정이 끊이지 않는다.

나는 어렸을 적 엄마가 우리에게 들려주셨던 옛날이야기를 생각해내어, 그 이야기를 다시 들려드렸다.

우산 파는 아들과 나막신 파는 아들을 둔 어느 어머니가 비가 오면 나막신장수 아들은 어찌하나 걱정하고, 날이 좋으면 우산장수 아들은 어찌하나 걱정했다던 이야기. 어머니가 바로 그 어머니를 닮았다고 말하면 웃으신다.

비가 오면 우산 파는 아들이 잘되어 기쁘고, 날이 좋으면 나막신 파는 아들이 잘되어 감사하다는 생각을 가지면 늘 기쁘고 행복할 게 아닐까.

말년에 예수님을 영접하신 어머니 머리맡에는 "항상 기뻐하라 쉬지 말고 기도하라 범사에 감사하라. 이는 그리스도 예수 안에서 너희를 향하신 하나님의 뜻이니라."라는 데살로니가 전서 말씀이 적혀 있다.

"네가 써 준 저 성경 말씀을 오늘도 읽었어……."

이렇게 말하면서도 금방 잊어버리고 본래의 걱정 많은 어머니로 돌아가는 것이다.

수년 전 오랫동안 해로하시던 아버지가 모이를 주시던 창가에 비둘기 떼가 앉아 목을 꼬고 시무룩하게 있는 걸 보고 눈물짓곤 하시는 어머니, 배우자와의 결별은 팔십이 넘어서도 그렇게 힘들다는 말인가. 눈물겨워서 어머니를 바로 뵐 수가 없다.

  그렇게도 속을 썩이던 남편을 못 잊어 하는 어머니를 보며 고운 정 미운 정을 하나로 묶자면 결국 미운 정은 전부 녹아 없어지는 게 아닐까 생각했다.

  "그래도 늬 아버지는 사람 좋은 분이셨어……."

  이것이 아버지를 보내고 나서 우리에게 하신 어머니 말씀이셨다.

  그 많은 세월 아버지를 원망하며 살아온 눈물의 이야기는 다 어디로 갔나. 너희들을 생각하며 참고 살았다는 그 인고의 시간들을 지금은 모두 잊어버린 것인가.

  어머니는 예술을 사랑하시고 예술가적 소양도 있으신 분이다. 내 어렸을 적 피난살이 할 때 별다른 놀이 기구가 없이 무료하게 지낼 즈음 우리 형제들은 매일 밤 어머니의 옛날이야기를 기다려 귀를 쫑긋하며 모여들었다. 어머니는 그때 구성지게도 옛날이야기를 잘하셔서 우리는 이불 속에서 여러 나라의 동화를 두루 섭렵(?)하게 되었던 것이다. 이때부터 우리 형제들의 문학적 소양이 닦인 게 아닌가 생각한다.

  또 신사임당을 가장 존경하고 그의 재주를 닮으려 했던 어머니는 특별히 그림을 잘 그리셨다. 신사임당의 그림 중 풀벌레 그림, 초충도를 좋아하셨고 흉내 내어 그리기도 하셨다. 내가 보기에도 어머니는 그림에 재주가 있었다. 그리고 신사임당의 시조도 잘 외우시고 때때로 우리에게 들려주시곤 했다.

딸로 며느리로 아내로 어머니로 살아온 기나긴 날들, 일제강점기에 태어나 결혼하고 8·15해방 6·25사변 등 격변의 시대를 거쳐 어려운 시집살이까지 견뎌온 어머니의 인내를 나는 따라갈 수도 없을 것이다.

결혼한 후 아버지 직장을 따라 멀리 만주까지 갔던 어머니는 스물네 살의 나이에 두 아이의 엄마가 되어 해방된 조국으로 돌아왔다. 당시에 엄격한 양반 가문에서 외할아버지의 귀여움을 받고 자란 어머니는 결혼 후에도 간호사로서 병원에 근무하시기도 하셨었다.

위로는 시어머니를 모시고 적지 않은 자식들을 거느리고 친정 동생까지 거두셨으니 어머니의 마음은 어느 한때 쉴 새가 있었겠는가. 그러나 왜 이리 어려운 일들이 끝도 없이 이어지는지 불평 한마디 없이 묵묵히 고난을 이겨낸 것이다.

그것이 응당 당신의 할 일인 것처럼 아내로서 며느리로서 어머니로서 어디 한 군데 모자람 없이 살아온 어머니, 그의 짐을 짐이라 여기지 않고 더할 수 없는 정성을 쏟아내신 어머니의 삶을 내 어찌 흉내라도 낼 수 있으랴.

어머니의 손톱은 언제나 닳아 있었다.

여학생이 된 내가 손톱깎이를 들고 할머니부터 차례로 깎아드릴 때, 어머니의 닳아빠진 손톱 때문에 나는 늘 가슴이 아팠었다.

내가 대학 다닐 때 중풍으로 몸져누운 할머니의 병수발로 몸이 반쪽이 되어서도 최선을 다한 어머니의 모습이 내 가슴에 오래도록 남아 있다.

어머니는 유난히 꽃을 사랑하셨다. 아버지가 사업에 실패하고 생활이 곤란해져 신문로에 있는 집을 팔고 변두리로 나가자 넓은 마당이 생겼다. 그 한가운데 화원을 만들고 매일같이 흙을 머리에 이어서 날랐다. 꽃동산이 모양을 갖춰가자 장미 정원을 만들고 장미 아치를 세웠다. 우물가에 요란하게 피어나던 장미꽃 향기가 유월이면 생각나곤 한다. 내 사진첩을 보면 그때의 어머니 표정이 가장 행복해 보인다.

내게 주어진 복 중의 하나는 부모를 오래 모실 수 있다는 것이다.

뇌졸중이 온 후 알아보게 기억력이 떨어졌어도 아직은 나를 알아보는 어머니가 계시다는 것이 나에게 큰 축복이다.

어머니를 만나고 올 때면 언제나 다시는 못 볼 것처럼 오래오래 손을 흔들고 계신다. 오늘도 어머니는 변함없이 현관문에서 손을 흔드신다. 가슴이 또 뭉클한다.

어머니, 우리 노래 불러요

    어머니가 가신 지 오 년이 흘렀다.
  부모님 두 분이 단란하게 사셨는데, 아버지가 먼저 떠나신 후로 홀로된 어머니를 남동생이 모셨었다.
  그러나 어머니는 몇 년 동안 중풍을 앓아 거동이 불편하신데 혈관성 치매기도 있어서 곁에서 보살피는 전문적인 손길이 필요했다. 남동생이 모신 지 6개월 동안 고생을 많이 했지만 어머니의 건강은 좋아질 기미가 보이지 않고 갈수록 나빠질 것 같았다.
  나는 생각 끝에 우리 집 근처의 요양원을 수십 군데 가보고 나서 한 군데를 선택했다. 경기도 광주 신현리, 전원주택 단지에 있어서 공기가 맑고 깨끗한 요양원이었다. 마치 규모가 큰 여염집 같은 이층집에 이십여 명의 노인들이 조용하게 살아가고 있었다.

내가 살고 있는 분당과 거리가 멀지 않아 자동차로 30분이면 닿을 수 있었다. 언제라도 가서 뵐 수 있다는 생각에 한결 마음이 놓였다.

오랫동안 해로하시던 아버지와 사별하고 나서 마음 붙일 곳 없어 하는 어머니를 낯선 곳에 두고 오기가 죄스러워 처음 한 달간은 날마다 요양원에 갔다. 그리고 반응을 살폈다. 다행이 어머니는 잘 적응하시는 것 같았다. 그곳에서 진행되는 프로그램이 마음에 드신다고 했다.

어머니는 조용하고 말수 적어서 누구와도 아무 트러블 없이 지냈기 때문에 요양사들에게 착한 할머니라는 별호를 얻었다. 치매가 와도 성격이나 살아온 환경대로 온다더니 그 말이 맞는 것 같다. 기억력 감퇴가 눈에 띄게 진행이 되어서 자식들을 안타깝게 하였지만 시중드는 아주머니에게 '고맙다'는 인사를 깍듯이 하였다.

노래를 유달리 좋아하는 어머니를 위해 만나면 함께 찬송가를 부르고 어릴 때 구연동화를 해주시던 어머니의 모습을 생각하면서 만날 때마다 동화를 읽어 드렸다. 어머니는 정말 좋아하셨다.

나는 어머니와 함께 외국 여행 다니던 사진들, 건강하실 때의 모습을 앨범으로 만들어다가 보여드리며 지난날을 회상하게 하였다.

그렇게라도 해서 기억 속에 꺼져가는 행복했던 순간들을 다시 떠오르게 해 드리고 싶었던 것이다. 어머니를 위해서 내가 할 일은 어디 몸이 불편한 데는 없는지 살피고 될수록 많은 이야기를 나누는 것이었다.

그러다가 날마다 가던 것을 이틀 걸러 갔지만 어머니가 잘 적응하여 마음을 놓을 수 있었다. 특히 미술치료나 음악치료를 받을 때 어머니의 얼굴은 진지해 보였다.

그때 나는 교실 유리창 밖에서 내 아이의 그림을 들여다보는 엄마의 심정이 되기도 하고 박자에 맞춰 탬버린을 흔드는 어머니의 손을 응원하는 마음이 되기도 하였다.

어머니와 함께 예배드리는 시간은 하나님을 만나서 대화하는 것처럼, 어머니와 나의 소원을 전하고 약속을 받는 시간처럼 행복했다.

어머니는 다른 형제들 이름을 잊어버리면서도 끝까지 내 이름은 잊지 않으셨다.

어느 날 어머니의 발을 들여다보았더니 소복하게 부어 있었다. 의사가 혈액순환이 순조롭지 않아서 그렇다고 하니, 따뜻한 물에 족욕을 시켜 드리면 좋을 것 같았다.

나는 발을 씻겨드리면서 "어머니, 저로 인해 속상했던 일을 용서해 주세요."라고 했다. 어머니는 아무 말도 없이 나를 멍하니 건너다보았다. 이때는 이미 치매가 많이 진행되어서 아무런 반응도 보일 수 없으셨을 것이다.

내가 따끈한 빈대떡을 만들어 간 것보다, 동짓날 팥죽을 쑤어 간 것보다 더욱 좋아하셨던 것은 더운 물에 발을 씻겨 드리는 일이었다. 어머니는 족욕 후 바로 깊이 잠들곤 했다. 잠든 어머니의 얼굴은 아주 평안해 보였다.

나는 발을 씻겨드리면서 여든일곱, 머나먼 곳을 힘들게 돌아온 여행자의 발이 너무나 작고 앙증맞다고 생각했다.

그 요양원에는 젊어서 어느 대기업의 간부를 하셨던 분이 있었는데 성악가처럼 폼 잡고 노래만 계속 불렀다. 레퍼토리를 바꿔가며 우렁찬 소리로 노래했는데 몇 달 안 되어 뇌가 수축되는 병으로 돌아가셨다. 교장 선생님이셨던 할아버지는 여기서 지내는 동안 사람들의 교통정리를 잘하더니 어느 날 홀연히 세상을 떠났다.

P 할머니는 세상에 대한 불평불만이 어찌 그리 많은지 계속 두런두런 혼잣말을 하곤 했다. 그리곤 요양사들에게 소리를 질러대었다. P 할머니에게 어떻게 하면 아름다운 세상을 기억시킬 수 있는지 안타깝기도 했다. 아들 둘이 있는데 엄마를 만나러 오지

않는다고, 딸이 없어 그렇다고 신세 한탄을 하기도 했다.

 Y 할머니는 올바른 사리판단을 하는 분인데 다만 다리가 성치 못해서 여기에 들어왔다고 했다. 방실방실 잘 웃는 그 할머니는 어머니와 단짝이 되었다. Y 할머니의 어머니 돌보기는 놀라웠다. 식사 때면 반찬을 떼어 주고, 옷 입고 머리 빗는 것까지 일일이 챙겼다. 요양사들은 Y 할머니가 전생에 우리 어머니의 남편이었나 보다고 정색을 하고 말했다. 어머니 곁에 친구가 생겨서 나는 마음이 놓였다.

 내가 갈 때면 어머니와 Y 할머니가 반겼다. 나는 간식도 두 분 것을 따로 준비해 갔다. 그리고 두 분을 모시고 마당에 앉아 우리가 아는 동요란 동요는 전부 불렀다. 노래를 좋아하는 어머니는 어린애처럼 좋아했다.

 어머니는 그 요양원에서 4년을 더 사셨다. 아마 이때가 어머니와 내가 가장 밀착된 시기였을 것이다. 항상 어머니의 마음과 내 마음이 하나로 이어지는 것을 느낄 수 있었다.

 그러다가 어머니의 마지막 모습을 보기 위해 요양원 사람들이 방에 모였을 때, Y 할머니가 슬픈 표정으로 말했다.

 "필석아, 잘 가. 우리들 여기서 서로 의지하고 지낸 것 잊지 말고…… 잘 가."

 어머니 마음속 깊은 곳에 간직해둔 바람을 나는 떠나신 뒤에야 알 것 같다. 그것을 나에게 남겨두고 가신 것이라는 생각이 든다.

 평소에 하시던 기도를 어머니의 마음이 되어 내가 대신한다. 온 가족의 안위를 위하여 간구하면 그것은 보이지 않으나 강한 결속력이 되어 여러 형제들이 이 세상을 잘 살아갈 수 있도록 이끄는 힘이 될 것이다.

플라타너스 잎사귀 사이로

아버지가 이십 년이 넘는 공직 생활을 접으실 때, 나는 대학교 이 학년이었습니다.

위로는 할머니와 어머니, 대학생인 오빠와 밑으로 두 살 터울씩의 동생이 다섯이나 되는 대가족의 가장인 아버지는 생각이 많으신 듯 보였습니다.

떠들썩하던 집안 분위기는 가라앉고 우리는 아버지의 심기가 편치 않으실까 마음 쓰는 날이 많아졌습니다. 새벽마다 할머니가 장독대에 정화수를 떠 놓고 무엇인가 열심히 비는 모습을 보았습니다. 평생을 전업주부로 살아온 어머니도 걱정이 되시는 듯 가벼운 한숨을 지으시며 안방에서 아버지와 조용조용 대화를 나누시곤 하였습니다.

나는 전과 다른 집안 분위기에 초등학교 학생인 동생들이 정신없이 떠들기라도 하면 "쉿 조용히 해!" 하고 면박을 주었습니다. 마음 놓고 장난할 때가 아니라는 것을 알아챘는지 개구쟁이 동생들도 이내 조용해졌습니다.

그해 사월은 봄날 같지 않고 온통 바람뿐이어서 마음까지 스산해지던 것을 기억합니다. 우리 집에도 위기가 찾아온 듯했습니다.

어느덧 오월이 되어 봄이 온 우리 집 마당에는 꽃이 만발했습니다.

우물가의 하얀 아치에는 연분홍색 장미로 뒤덮였고 황매화, 라일락, 작약 등 울안은 가득한 꽃냄새로 진동했습니다. "천국이 이럴 거야."라고 나는 나지막하게 얘기하곤 했습니다.

그러나 우리 집에 드리운 경제적 그늘은 쉽사리 물러가지 않았습니다. 오랫동안 열심히 일하시면서 공무원이 천직인 양 한길로 나가시던 아버지가 몇 달 걸려 겨우 시작한 첫 번째 사업이 난항을 겪게 된 것입니다.

언제나 환하던 아버지의 얼굴에 구름이 드리워지는 것만으로도 나는 아버지의 사업이 잘 풀리지 않고 있다는 걸 눈치챌 수 있었습니다.
 우리 집은 점점 어려워져 갔습니다. 어머니는 최대한 내핍생활을 시작하셨고 나는 힘든 부모님을 돕기 위한 방편으로 중학생의 입주 가정교사를 하게 되었습니다. 집을 떠나기 전날 밤 아버지는 나를 따로 불렀습니다.
 "미안하다. 널 보내게 되어서……. 아버지가 열심히 노력할 테니 몸 건강히 있다 오너라." 진심으로 미안해하는 아버지의 마음을 느끼면서 저는 일부러 명랑한 소리로 말했습니다.
 "괜찮아요, 아버지! 저도 졸업하기 전에 아르바이트를 하고 싶었는 걸요."
 그날 아버지의 눈에 비친 이슬을 읽고 얼른 안방을 나왔습니다.
 늦은 밤 물 마시러 부엌에 갔다가 마루를 건너오는데 밤늦도록 잠을 이루지 못하시는 아버지의 기척이 들렸습니다.
 나의 가정교사 생활은 친구들과의 자유로운 시간을 대폭 줄어들게 하고 도서실에서 공부할 수 있는 틈도 거의 빼앗아버렸습니다. 저녁때 수업이 끝나면 바로 남산동으로 갔고 내 공부를 뒤로 미룬 채 중학교 교과과정을 훤히 꿰뚫고 있어야만 했습니다.
 한 달에 한 번씩 집에 다니러 갈 때마다 어머니께 꼬박꼬박 사례로 받은 돈을 드렸습니다. 아버지께는 달리 표현할 방법이 없어서 어깨를 주물러드리는 것만이 내가 할 수 있는 일의 전부였습니다.

아버지는 나를 위시한 많은 형제들 때문에 어깨가 무거울 것 같았습니다. 아버지의 어깨를 조금이라도 가뿐하게 해 드리고 싶었습니다. 아니, 내가 아버지 대신 짐을 져드리고 싶었습니다.

이른 아침 집을 나서는데 저만치 아버지가 걸어가고 계셨습니다. 키가 큰 아버지는 멀리서 보아도 금방 알아볼 수 있었습니다.

요즘 아버지는 새벽이면 집을 나갔다가 저녁 늦게야 집에 돌아오신다고 했습니다. 동분서주하고 있는 아버지가 나 때문에 고생하시는 것 같았습니다.

관직에 계실 때만 해도 항상 관용차를 타고 다니셨는데 정류장에서 버스를 기다리는 아버지의 모습이 낯설게 보였습니다. 갑자기 아버지가 늙어버린 것 같기도 했습니다. 나는 종종 걸음으로 아버지에게 다가갔습니다.

"아버지, 합승을 타고 가셔요."

나는 지폐 몇 장을 아버지의 손에 쥐어드리고 황급히 정류장을 지나쳐서 뛰듯이 걸어갔습니다. 나도 모르게 눈물이 나와 고개를 젖히는데 넓고 큰 플라타너스 잎사귀 사이로 푸른 하늘이 보였습니다.

향기로운 시간

　　좋은 사람들과 마주한 식탁에서 가끔 와인 잔을 나눈다. 정성껏 차린 맛있는 음식을 같이 들며 서로를 바라보는 시간에 한 잔의 와인은 행복감을 더해 주는 촉매제 역할을 한다. 투명한 유리잔을 가볍게 부딪치며 던지는 한마디의 멋진 말은 또 얼마나 우리의 삶을 반짝이게 하는가!
　　와인을 마시기 전에 부드러운 곡선의 투명한 글라스에 담긴 향기를 먼저 마신다. 레드와인의 루비색은 너무나 아름다워서 잔을 들고 오랫동안 들여다보게 된다. 적포도주는 심혈관 질환에도 좋고 치명적인 부정맥에도 도움이 된다 하여 애용되기도 한다. 과

음만 하지 않는다면 한 잔의 포도주는 치매방지에 좋다고 한다.

연어 살색의 로제와인은 그야말로 환상적이다. 분홍 장미 가득한 정원 한가운데 서 있는 듯 그 달콤한 장미 꽃잎에 저녁노을이 비낀 듯 적요의 향내가 난다.

프로방스 방돌 항에 갔을 때 로제와인으로 저녁을 즐기는 사람들을 만날 수 있었다.

그때 그 사람들은 아무런 걱정거리가 없이 다만 인생을 즐기는 것 같았다.

화이트 와인의 투명한 색은 차고 산뜻한 맛을 내기 때문에 머릿속이 복잡할 때 마시면 머리가 맑아지는 느낌이다.

사람의 섬세한 성품을 감별하듯 가끔씩 와인을 음미할 때 조금씩 다른 향기에 가볍게 취하고 싶어진다. 그러나 기분만 그럴 뿐, 실제로는 한 잔씩 마시는 게 고작이다.

고속도로로 안성을 지날 때면 그 즐비한 포도밭을 보며 풍요의 상징으로 불리는 포도송이를 생각하면서 주렁주렁 달린 탐스런 포도에서 한 해의 풍년을 기약하기도 한다.

몇 해 전 독일에 갔을 때 라인 강변에서 보았던 포도밭은 인상적이었다. 강 양편으로 가파른 둔덕에 줄지어선 포도밭은 끝이 없었다. 지형이 가팔라서 배수가 잘되기 때문에 그 지역의 백포도주는 특별히 품질이 좋다고 한다.

맑은 공기와 적당한 강바람을 쐬며 건조한 토양에서 자란 포도가 맛이 좋다. 사람도 어떤 환경에서 살아왔느냐에 따라 성격이 결정된다는 것을 절감하고 있다. 어렸을 때의 환경이 오래간다는 말도 있지 않은가!

중년의 나이에 이르고 보니 이제는 사람을 만날 때도 그의 색깔이 눈에 보인다.

와인을 마시기 전, 색과 향을 음미하듯 사람에 대해서도 농도 다른 여러 색으로 감별하는 버릇이 내게 생겼다.

젊었을 때 레드와인 같았던 오랜 친구가 슬며시 엷어진 색으로 달라진 것을 느낄 때도 있고 화이트 와인 닮아 새침하던 여고시절 동창이 당도 높아진 호박 빛으로 변한 모습을 볼 때도 있다.

세상에서 보게 되는 맛과 향이 조금씩 다른 새로운 사람들과의 만남을 통해 다채롭게 쌓아가는 교분의 즐거움을 나는 소중히 여기고 산다. 특별히 젊은 사람들과의 만남을 나는 좋아한다. 풋풋한 느낌이 항상 신선감을 가져다주며 그 맛과 향을 얼마든지 조절할 수 있는 가능성이 있기에 나는 젊음의 그 여백을 좋아한다.

연세 드신 분의 경우에도 마음이 열리고 생각이 진취적인 분을 만날 때면 참으로 유쾌한 시간이 된다. 같은 와인도 시간이 지나고 숙성하면 미묘하게 색깔이 변한다. 우리가 잘 못 알고 있는 점 한 가지는 숙성이 오래될수록 반드시 품질이 좋아지지는 않는다는 사실이다. 포도 품종이나 제조 방법 성분 등에 따라 다르다. 숙성과정을 한마디로 설명하기는 어렵지만 대부분의 레드 와인은 병으로 출시되고 나서 2년에서 5년 사이, 화이트 와인은 1년에서 3년 사이에 마시는 것이 좋다고 한다.

페놀 화합물이 많을수록 당분이나 산, 알코올 등의 성분이 높을수록 오랜 숙성기간을 요한다. 잘 익은 맛이 마치 삶의 원숙한 경지에 이른 사람처럼 와인도 더도 덜도 아니게 조화가 잘 이뤄지는 때가 있는 모양이다. 최고로 맛이 좋은 시간이 지나가고 종래에는 갈색으로 변하면 와인은 이미 절정기를 지난 뒤라고 한다.

사람도 와인처럼 이 절정기를 얼마나 오랫동안 유지하느냐가 문제인 것이다. 가장 바람직한 상태로 오래 보존되어서 모든 사람들에게 조화된 아름다움을 나눠줄 수 있는 것, 그것이 모든 인생의 소망이 아닌가 싶다. 맛의 절정기에 오래 머무르는 자기조정 능력은 어디에서 오는 것일까. 나는 간혹 그런 생각에 잠길 때가 있다.

토토 이야기

　　　　우연히 생후 두 달쯤 된 미니 핀 한 마리를 키우게 되었다. 지금까지 개를 손으로 만지는 일조차 꺼리던 내게는 획기적인 일이 아닐 수 없다.

　처음에는 별로 내키지는 않았다. 그러나 태어난 지 두 달 된 강아지는 너무나 어리고 연약해서 내가 그 강아지를 버리면 안 될 것 같았다. 마음 써서 돌보다보니 정이 들고 사람과 강아지에게도 사랑이 가고 오는 것을 느낄 수 있었다. 평소에 나와는 상관없는 또 다른 세상이라는 생각으로 살아 온 동물의 세계를 가까이 접하게 된 지 열 달 정도의 시간이 흘렀다.

아주 수선스러운 성격을 가진 이 '토토'는 내 발끝에 매달리다 시피 잘 따른다. 사람의 사랑을 갈구하는 애완견은 주인의 관심을 강요하는 독특한 재주를 가져서 지금은 서로 사랑의 교감을 나눌 수 있는 경지에까지 이르렀다.

간혹 예방접종을 위해 동물 병원을 찾게 되고 그곳에서 일하는 의사들, 간호사들을 만나게 되고 그들이 진심으로 동물들을 대하는 모습을 보며 관계의 아름다움에 대해 생각했다. 그리고 그들의 애완견에 대한 진정한 사랑을 보았다.

그러한 색다른 체험 와중에 수의사 '제임스 해리엇'이 쓴 ≪아름다운 이야기≫를 읽게 되었다. 세계적으로 수 천 만부가 팔렸다는 이 책은 유명 매스컴에서 한결같이 온화하고 유쾌한 책이라고 입을 모아 극찬한다.

60년 전 수의사로서 지켜 본 영국 요크셔 지방의 순박한 농부들과 그가 돌보던 가축들 이야기를 그는 정확한 관찰로 깊은 애정을 쏟으며 재미있게 써내려가 읽는 이로 하여금 이야기에 푹 빠져들게 한다. 그는 작가 자신의 전문적인 직업과 관련된 삶과 체험을 모두 담았기 때문에 더욱 실감나게 한다. 수의사로서 동물들을 진찰하고 치료하는 과정과 함께 사람과 동물의 관계가 감동적으로 표현하고 있다.

늙어서 볼품없는 말을 가축상에게 팔지만 나중에 마음을 바꾸어 그 말을 다시 찾아오는 투박한 농부의 사랑, 들고양이가 이따금 찾아와 양탄자 위에서 짧은 호강을 누리며 쉬고 가던 집에 어느 날 늙고 병든 그 들고양이가 새끼를 물고 와, 안락한 양탄자 위에 새끼를 내려놓고 죽어가던 데비 이야기, 그 새끼 고양이를 기르며 데비를 추억하던 여주인과 수의사가 나눈 대화는 감동적이다.

내장이 파열된 돼지와 간흡충에 걸린 소를 치료하는 이야기, 그 주인들의 성격이 재미있게 대비되어 묘사되고 있다. 이상 분만하는 소를 돌보느라 팔이 마비되는 통증을 수없이 겪기도 하고 가슴속에서 끓어오르는 수의사로서의 열정도 아름답게 그려지고 있다.

이 책의 기반이 되는 이야기는 영국 시골의 달콤하고 상쾌한 공기, 수의사의 일터이기도 하고 수입원이기도 한 초록빛 세계가 잔잔한 밑그림처럼 펼쳐져 있다.

수의사 차의 열린 창문으로 여름 냄새가 들어와, 읽는 이들도 그것을 느끼게 한다. 햇볕에 따뜻하게 데워진 풀냄새, 클로버 냄새, 숨어있는 꽃들의 달콤한 향기, 차에 늘 배어있는 가축 냄새까지 우리의 가슴을 훈훈하게 한다.

세상은 각박한 인생살이만이 전부가 아니며 찬찬히 살펴보면 너무나도 큰 자연과 그곳에 살고 있는 생명체가 다 함께 공존하는 크고 놀라운 세계라는 것을 다시 생각하게 한다.

'토토'를 내가 계속 기를 수 없어서 친구에게 주었다. 몇 달 뒤에 토토가 좋아하는 먹거리를 사 가지고 친구 집에 갔을 때 나를 보고 달려 나와 원망스러운 듯 투정하며 뒹굴던 그 모습을 잊을 수 없다. 동물도 첫정을 못 잊는 것 같다.

4부

그리운 사람들

테마는 사랑이었다

　　　　　　최민식의 사진을 처음 본 것은 수십 년 전 내가 고등학교 학생일 때였다. 그 뒤로 가끔 그의 소식을 접할 때마다 외골수의 집념에 끌리듯이 나는 그 이름을 잊지 않았다. 사진은 주로 흑백의 인물이었고 무표정이 특징이었다.

　카메라의 렘브란트로 불렸던 그는 주로 서민의 생활상을 소재로 삼았다. 우리 사회의 밑바닥 소외된 사람들의 남루한 일상을 다룬 그의 작품들은 리얼리즘 수법을 선택한 것이었다.

　최민식은 젊은 시절 일본에 밀항하여 도쿄 중앙미술학원에서 밀레와 같은 화가를 꿈꾸며 공부하였다. 그때는 너나없이 모두가 어려울 때였다.

어느 날 친구들과 같이 헌 책방에 가서 '에드워드 스타인켄'의 사진집 ≪인간 가족≫을 보고 감동하여 온몸에 전율을 느끼고 인간 가족의 매력에 빠져 장르를 그림에서 사진으로 바꾸었다고 한다. 그로부터 그는 평생을 다큐멘터리 사진작가의 외길을 걸어왔다. 사진 한 장을 찍기 위해 무거운 가방을 메고 하루 백 리 길도 마다않고 걸었던 것은 진실한 순간을 포착하기 위해서였다.

고통에 처한 사람, 기도하는 사람, 우는 사람, 주름진 사람 등 무채색의 꾸밈없는 사람을 즐겨 찍어 온 50년 사진 인생을 '인간(HUMAN)'이라는 제목으로 총 14권에 걸쳐 펴냈다고 한다.

그의 작품을 보고 있노라면 강한 생명력을 느낀다. 어머니가 아이에게 젖을 줘야 하는데 생선을 팔던 손에 비린내가 나서 누나에게 업혀서 젖을 물리는 모습은 순간적인 포착으로 그 순간이 영원히 살아있게 하는 영상이 되었다.

'나를 키운 것은 바로 가난'이라고 말한 그는 평생 가난한 사람들을 소재로 삼았다. 한국 전쟁 이후 그는 피난민들의 어려운 생활상을 많이 찍어서 누구나 그의 사진을 보면 가슴이 뭉클해진다.

가난한 사람의 가식 없는 표정을 그의 작품을 통해 보고 있노라면 나는 거기서 내 어머니의 어머니, 내 아버지의 아버지를 느낄 수 있었다.

언젠가 TV에서 그를 보았는데 그의 목소리는 나직하였지만 힘이 실려 있었다. 예술의 길을 걷는 사람은 늘 공부해야 작품에 무게가 있고 메시지가 실린다고 말하는 그는 신념이 있는 사람다웠다.

그는 스냅사진을 통해서만 사실성, 현실성, 현장감을 나타낼 수 있다고 하였다. 인위적이 아닌 자연스런 사람들의 표정을 낚아채듯이 기록해 간 것이다.

군사정권 시절 정부에서는 가난한 사람만을 소재로 찍는 그를 못마땅히 여겼다. 외국 전시회 초청에 응하려고 해도 여권이 나오지 않았고 사진집도 세 권이나 판매금지 처분을 받았다고 한다.

심지어 간첩인 줄 알고 신고하는 사람도 수없이 많았다고 한다. 그러나 이렇게 어려운 입장에 처한 그에게 분도출판사의 독일인 임 세바스찬 신부는 사진집을 도맡아 내주고 생활비도 대주었다고 한다. 그에게 마음 놓고 사진을 찍게 배려한 것이다.

"리얼리즘은 사진작가의 뜨거운 가슴과 냉철한 머리로 완성되는 것"이라던 최민식. 그는 정직한 것이 주는 감동을 위해 다른 것을 희생하기로 작정한 사람 같았다. 최민식은 끊임없이 책을 읽는 지독한 독서광이기도 하였다. 좋은 작가가 되기 위해서는 음악, 미술, 문학 등 다른 예술작가들의 세계를 섭렵해야 하고 다

방면에 걸쳐 이해해야 한다고 했다. 작품에는 작가의 혼이 들어 있어야 한다며 자신의 정신세계의 반경을 넓히고 사색의 깊이를 천착하였던 부지런한 작가였던 것이다.

흑백사진이 훨씬 사람들에게 어필하는 법이어서 리얼리즘 사진작가들은 흑백사진을 선호한다고도 했다.

인간에 대한 친근함과 인간의 생활에 그지없는 애정을 가지고 사진 찍기를 했던 그의 작품들은 미국에서 온 젊은 알로이시오 신부에 의해 모금운동에 쓰였다.

"가난은 파는 게 아니라, 가난한 사람을 살리는 데 있다."라고 주장한 그는 사진 속 주인공들과 많이 닮아있다. 어떠한 대상을 찍으려면 그 인물에 한 걸음 더 다가가서 피사체에 말을 걸어 보라고 하였다. 결정적 순간의 진실을 담아낸 사진작가로서, 독일 프랑스 등 7개국에서 많은 전시회를 가졌으니 그는 어쩌면 우리나라보다 외국에 더 알려진 작가가 아닐까? 그는 의식구조에서도 앞서갔다.

몇 년 전부터 아프리카 난민들의 생활상을 찍어 세상에 알리기도 했던 그는 작년 팔십이 세로 저세상으로 갔다.

내 귀에는 작달막한 키에 카메라 가방을 메고 베레모의 그가 아직도 셔터를 누르고 있는 소리가 들려오는 듯하다.

다음은 무슨 역일까요?

　벌써 십오 년 전 이야기입니다.
　그때만 해도 매사에 사람의 손을 거치지 않으면 안 되는 아날로그 시대여서 기계를 만드는 것은 물론 다루는 것도 일일이 사람들이 해야만 할 때입니다.
　어머니가 뇌졸중으로 경희의료원에 입원하셨기 때문에 새벽마다 지하철을 타고 어머니를 간호하러 다녔습니다. 거의 두 시간이 걸리는 거리여서 일찍 집을 나서야 담당 의사 회진 시간에 맞출 수 있었습니다.
　방송과 신문에서는 날마다 IMF라는 말이 떠나지 않았고 사람들은 너나없이 모두 다 무거운 표정으로 우리의 앞날이 어떻게 될 것인가 걱정하고 있었습니다.

마침 빈자리가 있어서 앉자마자 지하철은 출발하였습니다. 맞은편을 건너다보니 무표정한 얼굴의 한 남자가 온 얼굴의 주름살을 모아가며 뭔가를 골똘히 연구하는 듯했습니다. 외국 사람들과 비교해서 우리나라 사람들은 하나같이 무거울 만큼 무표정합니다. 순간 외국에 갔을 때 모르는 사람과도 눈이 마주치면 미소 짓던 그 사람들이 생각났습니다. 그들은 이방인인 우리에게 친절하고 따듯하게 대했습니다.

'공연히 히죽히죽 웃지 마라.' 할머니는 우리들에게 그렇게 가르쳤습니다. 정색을 하고 있어야만 올바른 아이처럼 생각하셨나 봅니다. 더욱이 새벽시간이면 좀 더 살벌한 느낌이 듭니다. 마치 자기가 일찍 일어난 것이 남 때문인 것처럼 더 그렇습니다. 나는 지하철 안을 둘러보았습니다. 지그시 눈을 감고 다 못잔 잠을 즐기고 있는 사람, 책을 읽고 있는 사람, 이어폰으로 음악 감상을 하고 있는 사람, 핸드폰에다가 온 정신을 쏟고 있는 사람, 신문을 읽고 있는 사람, 멍청히 있는 사람…….

그러다 퍼뜩 정신을 차린 것은 안내방송이 흘러나왔기 때문이었습니다. 중년을 넘긴 굵은 목소리의 주인공이 말했습니다.

"−이번 역은 교대역입니다. 2호선으로 갈아타실 분은 여기에서 내리십시오. 다음은… 에… 다음은… 여러분 다음 역은 어디일까요?"

그는 마치 퀴즈를 내놓듯이 말했습니다. 그러나 전철 안의 모든 사람들은 너 나 할 것 없이 마주 보고 웃었습니다. 갑자기 터진 웃음으로 인해 지하철 안의 분위기가 확 바뀌었습니다. 누가 한국 사람들은 표정이 없다고 했습니까? 아닙니다.

금세 주름이 깊게 파인 얼굴도, 잠자던 사람도 모두 정신이 든 표정으로 명랑한 얼굴이 되었습니다. 나는 지금도 그때를 생각하면 웃음이 나옵니다. 마음 한구석을 근심이 누르고 있을 때, 불황의 터널에서 힘들던 때 내가 손을 놓지 않은 것은 그래도 한 가닥 붙잡고 있었던 미래에 거는 꿈같은 것이었을 테니까요.

안내방송을 하는 사람도 갑자기 '교대역' 다음의 역이 어디인지 생각이 꽉 막힐 수가 물론 있지요. 막히지 않고 앵무새처럼 조잘거리는 것보다 얼마나 인간적입니까?

지금 세련된 목소리로 영어까지 구사하며 안내해주는 녹음 방송보다는 그때 그 아저씨의 투박한, 그러나 재치 섞인 방송을 듣고 싶은 건 아날로그 시대를 그리워하는 나만의 생각일까요? 마치 가뭄에 애타게 기다리던 호스의 물이 갑자기 터져 나오듯이 웃음이 터져나왔습니다. 그것은 아마도 힘겹게 따라가다가 디지털시대에 지치면 옛날을 추억하게 하는 한 가지 귀한 에피소드일 겁니다.

성자, 수도사 안드레이

"저기, 숲 속에 보이는 큰 건물 보이지?"
"무슨 건물일까? 대단해 보이는데……."
 미국 보스톤에서 국경을 지나 캐나다로 접어들었을 때, 나는 문득 울창한 숲 속에 있는 커다란 돔 모양의 건물을 발견했다. 겉으로도 장중해 보이는 그 건물은 가까이 가자 '성 요셉 성당'이라는 간판이 보였다.
 어딘가 예사롭지 않아서 나는 빨려들듯이 그 성당 안으로 들어갔다. 거대한 성당에는 몇 천 개가 넘어 보이는 목발이 걸려 있다. 누군가가 사용하다가 놓고 간 듯 윤이 반질반질 나는 목발들이었다.

그 앞으로 에스컬레이터가 길게 놓여있었다. 나는 너무나도 큰 성당의 규모에 놀랐고, 목발을 짚고 왔다가 그것이 필요 없게 된 수많은 사람들이 있었다는 사실로 하여 더 자세히 그 내막을 알고 싶었다.

거기에는 수도사 안드레(1837~1945)라고 하는 성자의 이야기가 아직도 생생하게 살아있었다. 태어날 때부터 안드레는 너무나 몸이 약했다. 그래서 부모는 바로 그 자리에서 세례를 받게 했다. 그가 어릴 때 벌목공이었던 그의 아버지는 일하던 중 나무에 깔려 죽었다고 한다. 그때 그의 나이는 아홉 살이었고 밑으로 쌍둥이까지 10명의 동생들이 있었다. 이런 형편에 어머니조차 폐결핵에 걸려 그로부터 3년 후에 죽고 말았다. 안드레는 일을 해야 했기 때문에 학교를 그만두고 자기의 이름자나 겨우 쓰는 정도로 만족해야 했다.

어린 그는 어른들의 농사일을 돕거나 대장간, 빵집, 양화점 등에서 닥치는대로 일했다. 그 후 미국으로 이주해서 제사공장에서 근무하고 있다가 수도원 입회를 신청했지만 건강이 좋지 않아 좌절되었다고 한다.

그러나 그는 낙심치 않고 성당의 문지기가 되어 40년간 바닥청소, 램프 닦기, 장작 나르기 등 허드렛일을 열심히 했다. 성당에 오는 병자들의 방문을 받았고 밤에는 병자들의 집으로 찾아가 고통 받는 이를 위로하였다. 정성으로 병자들을 만나 기도해 줌으로써 사람들이 치유되는 이적을 경험하였다.

안드레의 기도가 기적을 이뤘다고 소문이 퍼졌지만 그는 자기는 하나님과 성요셉의 도구에 불과하다고 거듭 자기의 공로를 숨겼다.

그런데도 안드레의 기도를 받으려는 환자들이 점점 늘어나게 되었다. 그는 가난하거나 몸이 아파서 고생하는 사람들에게 위로와 즐거움을 나누어 주려고 노력했으며 괴로운 사람의 말을 듣고 같이 울었다고 한다.

나는 안드레의 사진이라도 보고 싶었다. 그는 온화하고 숭고해 보이는 노인이었다. 남을 위해 진심으로 울어줄 수 있는 가슴을 가졌다는 말이 내 가슴을 뭉클하게 했다. 많은 사람들을 사랑한 만큼 그는 사람들로부터 사랑과 존경을 받게 되었다. 점점 밀려드는 사람들로 하여 성당은 크게 증축되어 천 명이 들어갈 수 있는 거대한 건물이 되었고 그는 세계 제일의 성당 봉헌을 위해 평생을 바쳤다.

성당의 봉헌식이 있을 때에도 자기의 공로를 드러내지 않고 제단 뒤에 숨어서 기도했다고 한다.

이 모든 일은 하나님에 대한 사랑이 없으면 할 수 없는 일이었다.

'제가 죽는다면 천국에 있게 되겠지요. 지금보다 훨씬 하나님 가까이 있으니까 더욱 당신들을 도와줄 수 있겠지요…….'

92세에 천국으로 돌아간 안드레는 전 생애를 사랑을 실천하는 데에 바쳤다. 세계 각국의 신문, 뉴스로 백만 이상의 인파가 몰려 유체 작별을 했다고 한다. 그는 가난하고 못 배웠지만 그리스도 신앙의 산 표본이 되었다.

그는 살아생전 사람들이 부러워할 만한 어떠한 자리에도 오른 적이 없다.

그러나 수도사 안드레는 세상의 밑바닥에서 하나님의 사랑을 훌륭하게 몸으로 보여주고 간 사람이었다. 오늘 날 그를 존경하는 많은 사람들은 안드레를 성인으로 추대해줄 것을 청하고 있다고 한다.

나는 뜻하지 않게 여행 중에 한 분의 성자를 만나, 가슴 가득 하나님의 사랑을 충만하게 안고 가게 되었다.

무녀리

　　　　한 배의 여러 마리 중에서 맨 먼저 태어난 가축의 새끼를 무녀리라 한다.

　시골에서 개나 돼지가 새끼를 낳으면 보통, 적을 때는 다섯 마리에서 많을 때는 열두 마리를 낳는데 맨 먼저 태어난 새끼는 조금 작고 어미젖을 찾아 빠는 일에도 다른 실한 새끼에게 밀려 난다. 그러다가 젖을 차지하지 못하고 어떤 경우에는 죽기도 한다. 다행히 죽지 않고 그냥 큰다 해도 새끼 중에 제일 작기 마련이다.

　그래서 장에 가서 팔려고 할 때에도 맨 나중까지 팔리지 않기도 한다. 그런 경우 마치 왕따당하는 어린 아이를 보는 것처럼 측은한 마음이 든다. 이렇게 한마디로 시원찮은 새끼를 일컫는 말이 무녀리다.

무녀리는 또 언행이 좀 모자란 사람을 낮추어 이르는 말로도 쓰인다.

온순한 성격에 영악스럽지 못한, 약간 손해를 달고 사는 사람을 가리키는 말이기도 하다. 더러 예외도 있기는 하지만 우리 주변에서 맏이로 태어난 사람들을 살펴보면 비교적 엉성하고 착한 면이 있다. 그러나 생각이 깊고 자기가 해야 할 일을 스스로 알아서 처리하는, 믿어도 될 존재가 아닐까 생각한다. 대개 맏이는 늘 동생들에게 양보하고 부모에 대한 마음도 남다르다.

그런데 어느 집에서나 맏이보다는 둘째가 야무지고 생각이 더 빠르다. 그것은 비단 맏이의 능력이 모자라서가 아니라 타고난 환경 때문일 것이다. 먼저 태어난 첫째가 겪어야 되는 성장과정과, 태어날 때부터 형이라는 경쟁자가 있는 환경에서 자라게 되는 둘째와는 확실한 차이가 있을 수밖에 없을 것이다.

둘째는 형을 보며 배우고 자라고, 형과 경쟁하며 자란다.

한 번 아이를 양육해 본 경험이 있는 부모와 첫 경험인 부모 밑에서 자라는 아이들은 그 훈육방법에서도 차이가 날 것이다. 둘째부터는 이미 시행착오를 습득한 부모가 양육하기 때문에 알게 모르게 첫째와는 다른 방식으로 키우게 될 것이다. 그러므로 같은 부모 밑에서 자랐다 해서 형제간이 똑같을 수는 없다.

그러나 이 시대에는 남의 눈치 안 보고 말없이 제 할 일을 해내는 도량 있는 무녀리가 필요하지 않을까? 약삭빠른 것보다는 진국이 낫다는 것이 내가 살아오며 터득한 세상살이의 철학이다. 약간은 덜 똑똑하고 어리숙하더라도 부모와 동생들에게 기둥 같은 느낌을 주는 맏이로서의 무게도 만만치 않을 테니까.

"형만 한 아우 없다."라는 옛말도 있잖은가!

고독한 새

이탈리아에서 한 달을 머무는 동안 내가 꼭 가봐야 할 곳이 있다고 친구는 말했다. 19세기 낭만주의의 별, 시인 자코모 레오파르디가 살던 집을 가야 된다는 것이었다. 성악을 공부하러 왔다가 40년 가까이 여기 눌러 산 친구는 이태리 사람이 다 되어 있었고 이탈리아의 문화와 예술을 깊이 사랑하는 것 같았다.

레오파르디의 집은 레마르케주 레카니티에 있었다. 한눈에 보기에도 거대한 저택이었다. 사방을 높이 벽돌로 쌓아서 몇 백 년이 지난 지금도 꽤 견고해 보이는 집인데, 그는 마을 사람들과도 별로 왕래하지 않고 살았다고 한다. 백작 아버지와 후작 어머니 사이에서 태어났으나 11세에 구루병, 17세에 심한 눈병으로 고통을 받다가 결국 한쪽 눈은 실명하게 되었다. 게다가 뇌척수 이상이 생겨 평생 고생하다가 종내에는 꼽추가 되었다고 한다.

무관심한 부모에게 상처받으며 형제자매들에게 의지하여 겨우 삶을 지탱해 나갔다. 그는 가정교사를 들여 어학을 공부했으나 가정교사는 더 이상 가르칠 게 없다고 사직하고 떠나버렸다. 그는 16세에 독학으로 그리스어, 라틴어, 프랑스어 등 6, 7개의 언어를 습득한 어학의 천재였지만 절망, 고독, 좌절 등에서 벗어날 수 없었다. 예민한 그는 슬픔의 존재였다.

염세사상을 표현한 시집 ≪죽음에 다가서는 찬가≫를 썼는데 좌절된 희망, 고통 등 염세사상이 잘 표현되어 있고 그의 시에서 볼 수 있는 자연스러운 음악성은 높이 살만하다는 평가를 받고 있다.

거실 벽에 걸린 그의 사진을 바라보았다. 예리하면서 맑은 눈빛의 그가 겪었을 고독을 생각하며 가슴이 아려왔다. 그는 특히 인간의 고뇌를 절감한 시인이었다. 39년이라는 짧은 생애 동안 사랑과 죽음을 노래했고 그의 시집 제목은 대부분 '노래(canti)'라고 한다.

레오파르디는 로마, 피렌체로 옮겨다니다가 마침내 나폴리에

정착해서 많은 작품들을 썼는데 그중 〈지네스트라〉라는 장시는 사후 작품집에 실리기도 했다. 오랫동안 죽음만이 유일하게 자신을 해방할 수 있는 길이라 믿던 그는 나폴리에서 콜레라로 갑자기 숨을 거두게 된다.

  그의 저택에는 평일인데도 많은 사람이 모여 들었다. 빼어난 서정시를 쓴 시인으로 레오파르디를 추모하고 있는 사람들의 표정은 짧은 그의 삶을 슬퍼하고 있는 듯했다. 나는 그가 오랜 시간 서재에 머물러 정신을 집중하고 젊은 꿈을 키웠을 것을 생각하며 천천히 주위를 둘러보았다. 서재는 이층에 있었는데 빽빽한 장서와 넓은 공간은 충분히 그의 상상력을 키울 만하였다. 창문 밖으로는 그가 책을 보다가 가끔 내다보았을 들판이 펼쳐져 있고 낡은 교회도 보였다. 거기서 그는 〈고독한 새〉라는 시를 썼을지도 모른다는 생각이 들었다.

    낡은 교회의 종탑 위에/ 고독한 새 한 마리/ 해 질 때까지 넓은 광야를 향해/ 끝없이 노래하고 있나니/ 그 노랫소리 온 마을에/ 즐겁게 울려 퍼지도다/
    - 중략 -

그는 생각에 가득 찬 듯한 한 마리 새를 보고 넓은 광야를 향해 끝없이 노래하는 모습이 자신의 고독함과 어찌 그리 닮았느냐고 감탄한다.

레오파르디의 시 몇 줄씩이 도서관 앞에, 저택 정문 앞에, 창문을 열고 바라보이는 맞은편 집 벽에, 이곳 저곳 돌판에 금언처럼 새겨져 있었다. 그것은 이탈리아인들이 얼마나 예술을 사랑하고 아끼고 있는지 증명하고 있는 것 같았다.

열렬히 사랑하던 마부의 딸 테레사가 폐결핵으로 죽자, 그녀의 죽음을 노래한 〈실비아〉 등이 실린 ≪이딜리(Idillii)≫라는 시집은 매우 유명하다고 한다.

시인 레오파르디가 태어나고 살았던 집을 둘러보면서 사람들은 오래도록 떠날 줄 모르고 그의 천부적인 재능에 젖어 있었다. 많은 학생들도 조용히 참관하고 있었다.

그의 뛰어난 작품세계를 인정한 이탈리아 정부에서는 그를 기념하는 우표와 화폐를 발행하였다고 한다.

생전의 레오파르디는 말했다.

"어린아이의 눈으로 바라보면 이 세상의 모든 것은 늙었습니다."

끝없는 도전

960번 도전 끝에 운전면허증을 따낸 차사순 할머니. 매스컴에서는 노년의 도전이 무엇인지 보여준 그의 용기에 박수갈채를 보내고 있다.

지치지 않고 보여준 오 년간의 끈기에 대해 열화와 같은 성원의 댓글이 수천 통에 이르자 자동차 회사에서는 차를 선물하기로 결정 했다고 한다.

운전면허뿐만 아니라 인터넷, 휴대전화 같은 정보 기술 분야는 기술 변화 속도가 너무 빨라서 나이 들어서는 따라잡기가 어렵다. 한참 뒤에야 문자를 주고받게 되고 그것을 제대로 익힐 때쯤 젊은이들은 벌써 트위터나 스마트폰으로 가버려 소외감을 느낄 때도 많다.

하지만 여기에서 주저앉으면 21세기의 원시인이 되고 말기 때문에 포기할 수는 없다. 그리고 나도 벌써 포기할 나이는 아닌 것 같았다. 스마트폰에도 노년의 삶을 풍부하게 할 수 있는 콘텐츠가 많다고 한다.

나는 망설이다가 스마트폰을 구입하기로 했다. 어려워도 새로운 것을 공부하는 수밖에 달리 방법이 없을 것 같아서. 나와 비슷한 생각들을 하기 때문인지 인터넷과 스마트폰을 자유자재로 이용하는 실버티즌이 점차 느는 추세라고 한다.

몇 해 전 가을 서초 구민회관에서는 '할머니 문자 빨리 보내기 대회'가 열렸다. 이것도 노년을 격려하는 뜻일 것이다. 생소하고 어려운 일에 도전한다는 것은 확실히 가치가 있는 일이다.

노년이라 해도 미래를 내다보고 앞날을 예측하며 마지막까지 현역인 사람이 필요한 시대가 되었다. 젊은이들을 사랑스럽고 경이로운 눈으로 바라보며, 노년과 청춘을 조화하려는 열린 마음을 가지고 서로 대화하며 의견을 교환하는 것도 좋은 방법일 것이다.

이탈리아에서는 앵커인 마이크 본쥬르노의 "알레그리아"가 유명하다고 한다. 뉴스를 말하기 전에 알레그리아를 외치던 노익장, 그는 이제 가고 없다.

사람들은 '오늘도 명랑하게!'를 외치던 그의 멘트를 잊지 못할 것이다. 그리고 알게 모르게 명랑하게 살려고 하는 마음가짐을 갖게 되었을 것이다.

누군가가 나를 지켜보고 있다고 생각하는 사람은 몸이 팽팽하게 조여져 노화가 지연된다고 한다. '나도 늙었어.'라고 생각한 순간 몸이 팍 퍼지는 것을 느끼게 된다는 것이다. 나이는 완전히 생각하기에 달린 것이다.

나이 먹었다고 해서 틀에 박힌 생활방식에 안주하며 사는 것을 스스로 경계해야 한다. 삶이 다 끝났다고 하는 이완감은 목표를 놓는 순간 오는 것이다. 그러므로 70, 80을 넘어서도 끝까지 목표를 놓지 않고 살아야 한다.

일본 시바타 도요 할머니 시인에 관한 이야기가 우리에게 도전이 되고 있다.

그는 1992년에 남편과 사별하고 20년이 넘게 홀로 생활하였다. 원래 취미는 일본 무용이었지만 허리가 아파 더 이상 무용을 할 수 없게 되었을 때 외아들의 권유로 시를 쓰기 시작했다. 그리고 97세에 시집을 출간하게 되었고, 102세에 두 번째 시집까지 출간하였으니 젊은이들에게 경종을 울리는 의욕이다. 요즘 젊은이들이나 장년들이 하찮은 고통도 견디지 못하고 얼마나 인생을 쉽게 포기하는지 생명에 대한 시바다 도요의 책임성과 성실성 앞에 반

성해야 한다.

　창조적 긴장이란 성숙의 과정인지도 모른다.

　그래서 잘 늙는다는 것은 한편, 부드럽고 너그러워지는 것이라고 말할 수 있지만 끝까지 도전의식을 버리지 않는 것도 잘 늙는 것이다. 노인에게는 젊은이들이 흉내조차 낼 수 없는 지혜라는 특성이 있다. 이 특성을 살려서 세상과 소통하고, 긴 삶을 이뤄낸 포용력으로 이 사회를 아우르자는 것이다.

　세상이 어떻게나 빨리 흘러가는지 요즘 그 속도를 가늠하기 어려워졌다. 젊어서 하고 싶던 일. 직무에 쫓기어 시간이 없고, 아이들 양육하느라 제대로 하지 못했던 일들을 해 보는 일도 중요하다. 그래서 한 번뿐인 인생을 후회 없이 살아야 하지 않을까?

　다 늦어서 악기를 다루고 조각을 배우며 외국어에 도전하는 나이 든 사람…… 이들은 인생을 생생하게 만드는 장본인이다. 다만 천천히 느리게 즐기면서 하는 것이 중요하다. 조급한 생각은 금물이다.

　그리고 지금까지의 삶을 반추하고 미비했던 점은 보충하며 남은 삶을 새롭게 시작할 일이다.

잊혀진 시인을 찾아서

　시를 쓰는 영혼은 아름답다.
　비록 그 시가 좀 세련되지 못하고 품격이 다소 높지 않더라도, 시인은 맑고 투명한 눈으로 세상을 바라보며 고뇌하였을 것이다.
　그가 세상을 따뜻한 가슴으로 받아들이고 사랑으로 아우르지 않았다면 시를 쓸 수 없었을 것이다.
　나뭇잎 하나, 미세한 빗줄기에까지 생각을 실어 가슴으로 사물을 바라볼 줄 아는 사람만이 시를 쓴다. 높고 높은 우주의 빛처럼 말없이 세상을 밝히는 그 어떤 존재, 천지를 지으신 그분의 숨결이 시인에게 살짝 닿아, 우리가 알 수 없는 어떤 연유로 하여 시가 나오는 건 아닐까, 좋은 시를 읽으며 가끔 경이로운 느낌에 잠길 때가 있다.

우리 사회에는 시인이 넘친다고 한다. 시인이 너무나 많아서 그 가치가 떨어진다고도 한다. 그러나 갈수록 삭막해지는 세상에 시를 사랑하고 시를 쓰겠다는 사람이 많은 건 어떠랴 싶다. 시를 사랑하는 사람이 많다는 것만으로도 세상은 살 만해지니까.

일단은 시를 쓰기 위하여 마음을 가라앉히고 순화해야 한다. 그래야 세상의 아름다움과 고뇌를 직시하는 눈이 생길 게 아닌가.

나는 근래 몇 시인과의 자리에서 요절한 한 아까운 시인에 대한 이야기를 듣게 되었다. 그토록 시를 사랑하던 사람, 오로지 시를 쓰기 위해 이 세상을 다녀간 짧은 날들, 지금 살았으면 70이 되었을 그가 지독한 가난과 싸우다가 젊은 나이에 자살했다는 이야기가 나의 뇌리에서 떠나지 않았다.

김만옥. 그는 이 시대의 대다수 시인들에게 낯선 이름일 것이다. 해방되던 다음 해(1946년) 남해 고도인 전남 완도군 여서도에서 태어나 29세에 요절한 그는 범상치 않은 시인이었다.

나는 오월 화창한 봄날 그의 짧은 삶과 시 세계를 탐구하기 위해 문득 배낭을 메고 길을 나섰다.

여서도는 완도에서도 두 시간을 가야 하는 먼 바다의 외딴 섬이다. 남해안의 띄엄띄엄 모여 앉은 섬들과 달리 혼자 외롭게 세

찬 파도 한가운데 떠 있는 작은 섬(면적 2.5㎢, 해안선 길이 약 10㎞). 빛날 려麗에 상서로울 서瑞. 작은 제주라 불리기도 한다는 이 섬은 한때 200여 명이었던 인구가 줄어 지금은 100명밖에 안 되고 대부분 혼자 살거나 내외만 사는데 주로 노인들이라고 한다. 이 천해고도에서 그는 태어나서 자랐다.

어린 김만옥은 돈 벌러 간 아버지를 바다에 잃고 삼대독자가 되었는데 매우 영특한 아이였다고 마을사람들은 전한다. 여서분교를 졸업하고 완도중학교에 수석으로 입학하여 친척집에 얹혀 공부하는 동안 성적도 우수하였지만 전국 문학 지망생들의 목표였던 《학원》 잡지에 여러 편의 시와 산문이 실리면서 재주를 인정받았다.

중학 재학 시에 이미 《학원사》 기자로서 아름다운 여서도를 배경으로 한 서정적인 글들을 쓰게 된다. 그 후 조선대학 부속고등학교를 장학생으로 다녔는데 이때 이미 첫 시집 《슬픈 계절의》를 출간했고 전국의 문학 지망생들과 서신왕래를 하는 한편 광주지방의 학생문단에 알려진 천재적 시인이었다.

그는 스무 살에 《사상계》의 신인문학상에 당선되었으며 고교 졸업 후 조선대학교 국문학과에 장학생으로 입학하여 학내 신문기자로 활동했다.

일찍 결혼한 그는 어떻게든 살아보려 했지만 삶은 너무나도 가

혹하였다. 여서도의 검푸른 파도처럼 사납고 끈질긴 그 가난 때문에 위태로운 삶을 계속하며 좋은 작품을 쓰려고 안간힘을 쓰다가 결국은 대학도 중도에 포기하기에 이른다. 일자리를 찾아 전전하던 그는 서울에 다녀온 후 광주의 월셋집으로 내려가 농약을 마셔버린다.

그때 이미 그에게는 봄뫼, 방글이, 빛나, 어린 세 딸이 있었다. 그는 사나운 파도에 맞서기를 단념하고 마침내 그 파도 속으로 사라져 갔다.

광주 비엔날레 아트홀 앞에는 1998년에 세운 시비에 그의 모습이 각인되어 있고 거기에는 〈딸아이의 능금〉이라는 사랑스런 시가 있다.

김만옥은 어떤 모습으로 저 섬에서 나를 기다리고 있을까?

거친 바다에서 한동안 흔들리던 배가 여서도에 닿자 산 밑에 조그만 마을이 보이고 가파른 경사를 따라 다닥다닥 집들이 모여 있었다. 청산초등학교 여서분교가 이 섬에서 가장 큰 건물이고 교사 둘에 학생은 넷이었다. 보건소와 마을 사무소, 교회도 있었다.

비교적 깨끗했고 모두가 한 가족처럼 다정해 보였다. 섬에는 많은 소들이 방목되고 있었는데 철조망을 쳐서 소들의 나라와 사람들의 나라로 구분지어 놓았다. 산길에는 소똥 천지였다. 방목한 소들은 가끔씩 육지로 한꺼번에 팔려간다. 어떤 때는 여서도에 사람보다 소들이 많을 때도 있다.

남쪽 섬답게 동백은 울창한 숲을 이루고 있었다. 동백 숲에서는 참으로 아름다운 소리로 동박새가 종일 울어댔다. 동네 가운데도 여러 집이 비어 있었다. 대처로 떠난 주인을 기다리는 듯 노란 장다리꽃이 울안에 가득 피어있었다.

김만옥이 다녔다는 여서분교에 올라갔다. 마을 위쪽에 운동장도 꽤 넓게 자리한 채 한때 학생이 수십 명이었다는 얘기대로 그네와 철봉대가 여러 개 빈 채로 흔들리고 있었다.

학교에서 멀지 않은 김만옥의 생가는 소막이 되어 건초 더미와 소가 차지하고 있었다. 손바닥만한 집이었다. 따로 마당이라 부를 것도 없는 작은 공간에서 그는 멀리 수평선을 바라보며 꿈을 키웠을 것이다.

나는 등대 뒷산으로 올라가서 바위 위에 앉아 지는 해를 오래도록 바라보았다.

내일 새벽에는 바로 이 바위에서 해 뜨는 것도 볼 수 있을 것이다. 아무 거칠 것 없는 바다 한가운데 여서도는 떠 있었다. 마을 뒤쪽 섬은 바위로 덮여 있고, 바람이 너무 세어 거친 파도만 살 뿐 사람은 살 수 없다고 한다. 밀물지는 바위 곁에 톳이 물결 따라 움직이는 것이 환히 보였다. 멀리 수평선 가까이엔 고깃배가 떠 있고 그 너머로 붉은 해가 넓은 바다를 덮고 있었다.

끝없이 펼쳐진 바다. 바다만이 하늘 아래 있는 곳. 파도 한가운데 뜬 이 섬은 너무 작고 초라하였다. 여서도는 순간 나와 하나가 되었다.

마침 김만옥의 외삼촌 댁에 지금 광주에서 딸 곁에 살고 있는 김만옥의 어머니가 다니러 왔다고 했다. 나는 그의 어머니를 뵈려 그 집으로 갔다. 고생을 많이 했으련만 시인의 어머니는 품위 있는 온화한 얼굴이었다.

유일한 희망이었던 외아들을 불시에 잃고 너무도 애통한 나머지 몸까지 버려 이제는 등신 다 됐다는 늙은 어머니는 그러나 훌륭한 시인으로 남은, 아들에 대해 강한 자부심을 갖고 있었다. 개가한 며느리가 키우는 세 손녀딸들이 모두 장성하여 공부를 잘하고 있고 시도 쓴다는 얘기를 했다.

나는 김만옥의 유작시집에 실렸던 〈어머님 전상서〉라는 제목의 애틋한 시를 생각하였다. 또 그는 소복한 어머니를 비유한 〈박꽃〉이라는 시도 썼었다.

그는 젊은 나이에 이 어머니를 두고, 아내와 어린 세 딸을 남기고 어떻게 자살할 수 있었을까. 아무리 가난했대도 그건 너무 비겁하지 않은가…….

오후 3시 완도에서 인근 섬을 도는 정기선이 유행가자락을 크게 앞세우고 포구에 들어서자 작은 마을은 갑자기 수런댄다. 무료한 섬사람들은 배에서 내리는 사람들을 보려고 선창가로 나가기도 하고 하던 일을 멈추고 돌담 너머로 내다보기도 하였다. 그들에겐 수십 년 간 살아와서 그 섬에 관한 한 빠짐없이 알고 있으므로 변화를 주는 건 정기선에 오르내리는 짐과 사람뿐이리라.

 밤이 되자 망망대해만큼 넓은 하늘에 별이 돋기 시작했다. 너무도 영롱한 별무리들, 나는 고개를 젖힌 채 주먹만 한 별들을 황홀하게 바라보았다. 김만옥은 〈밤하늘〉이라는 시에서 자신을 마알간 어항에서 꿈꾸는 한 마리 금붕어에 비유하기도 했다.
 극심한 가난 속에서도 그에게 풍요로운 꿈을 키워주던 여서도의 밤하늘은 오늘도 아름답게 펼쳐져 있다.
 나는 화창한 봄날 며칠을 여서도 곳곳에서 김만옥 시인과 함께 지냈다. 그의 고뇌와 절망이 내 가슴으로 전해져 오는 것을 느끼며 그가 다녔을 마을 뒤 높은 바위 위 등대와 갯바위, 속금산과 동백 숲, 팽나무가 있는 당집에도 가고, 그가 공부하던 분교와 동네 골목골목을 이리저리 걷기도 했다.
 푸르른 바다와 하늘 그 가운데 끝없는 수평선을 바라보며 그의 서러운 목소리를 듣는다. 이 작은 섬은 그가 못다 이룬 꿈과 더불어 나에게도 아름다운 곳으로 남을 것이다.

    黃金의 이마를 하고 조약돌들이/ 서로 몸 비비는 저녁바다 위/ 나는 커다란 흰 접시 하나 띄워 보네/ 그 넓이대로의 하늘로 덮인/ 내 終生을 담고 *扶桑에로 떠나는/ 그것은,/ 속이 밝은 가방을 든/ 구두 같은/ 나의 意識이네.
- 김만옥의 〈먼 航海〉

  * 부상扶桑: 해 뜨는 곳에 있다는 神木이 있는 곳.

  김만옥이 〈겨울고도〉에서 '전신에 겨울이 묻은 백설 같은 그대'라 노래하던 여서도는 청아한 새 울음소리가 묻은 동백숲의 푸른 모습으로 섬은 나를 전송하였다. 배가 완도에 가까워지자 저 멀리 여서도는 마침내 수평선에 걸리더니 구름 위로 두둥실 떠오르고 있었다.

봉근 동창

우리는 손을 흔들며 헤어졌다. 다음 만날 때까지 그동안 잘 있으라고, 아프지 말라고, 또 전화하자고, 우리는 아쉬운 작별을 하였다. 만나면 반갑고 헤어질 때면 언제나 섭섭한 마음이 드는 건 나만의 감정이 아닌 듯했다.

이 친구들을 처음 만난 것은 초등학교 이 학년 때였다. 지금도 가끔 제주에 가면 제주시 관덕정 근처에 있는 제북초등학교를 스쳐가며 지난날을 회상하곤 한다.

6·25동란으로 살기 어렵던 시절, 우리는 운동장에 줄을 서서 우유죽을 나누어 먹었다. 남자애들은 검은색으로 물들인 무명으

로 만든 일제 강점기의 제복 비슷한 옷을 입었고 여자애들은 꾀죄죄한 치마저고리에 보자기를 어깨에 둘러메고 다녔다. 한창 개구쟁이였던 동무들이 뛰어갈 때면 달그락달그락 도시락 소리가 요란했다.

이 학년이 되어 북교에 전학한 나는 삼 학년이 되자 학급 부반장이 되었다.

예나 지금이나 열 살 또래 학생들을 통솔하기 어려운 것은 마찬가지여서 애를 먹곤 했다.

사방치기, 공기놀이, 고무줄놀이를 할 때면 악동들이 나타나서 훼방을 놓고 내빼곤 했었다. 까까머리를 한 머슴애들은 겨울에도 맨발이었다.

여자 애들도 머리에 이가 들끓어 선생님이 뿌려주는 DDT를 하얗게 묻히고 오던 모습, 서로 손가락질하며 깔깔 웃던 기억도 새롭다. 피난민이 넘쳐나던 시절, 가난하던 환경 속에서도 모두가 아름다운 추억으로 남아있다.

담임선생님은 한희자 선생님이었는데 반장 부반장에게 여러 가지 잔심부름을 시키고 잘못하면 꾸중을 하곤 했다. 그날도 담임선생님이 반장에게 심부름을 보내고 내게 한 시간을 조용히 자습을 시키라고 했는데 악동들은 그대로 있지 않았다. 서너 살 위인 반장 말은 잘 들으면서 내가 하는 말은 들은 척도 않는 아이들이 원망스러웠다. 드디어 한 떼의 아이들이 밖으로 나가서 떠들어 대었다. 여자애들까지 덩달아 남자애들에게 호응하였다. 애들을 자습시키려 했으나 말을 듣지 않아 나는 선생님한테 혼나야 된다는 생각에 책상에 엎드려 울었다. 그때 희수가 돌아오더니 내 곁에 와서 말하였다.

"울지 마, 괜찮아……."

그는 서둘러 아이들을 교실로 돌아오게 하였다. 평소에 말이 없던 그였다. 그가 그날 처음으로 나에게 말을 건넨 것이다. 나는 그때 가슴이 두근거리는 것을 느꼈다. 그것은 부끄러움이기도 하고 고마움이기도 했던 것 같다.

나는 이때 《홍길동전》, 《심청전》, 《흥부전》 등 이야기책에 빠져 있어서 일찍부터 사물을 보는 눈은 다른 학생들에 비해 밝았던 것 같다.

서울에 와서 바쁘게 사느라고 정신없던 나에게 다 잊어버렸던 어린 시절의 기억이 되살아나는 계기가 생겼다. 제북교 2학년 6반 학급사진 한 장이 이삿짐을 정리하는 중에 끼어 있었다.

나는 물끄러미 그 사진을 들여다보고 말았는데 그로부터 얼마가 지나서 우연히 한 동창을 만났다. 몇 십 년이 지났으므로 처음에는 서로 몰라보았는데 이런저런 이야기 끝에 우리가 같은 학교, 같은 학년에 다닌 것을 알아냈다. 오랫동안 꿈을 꾸고 난 것 같기도 하고 아득히 먼 옛날 전생에서 있었던 장면 같기도 한 초등학교 개구쟁이 친구들이 현실로 나타난 것이다.

그는 낯설어하는 나를 동창회 모임이 있는 식당으로 안내했다. 친구들은 중후한 중년의 모습으로, 각자 자기의 분야에서 두각을 나타내면서 나름대로 열심히 살고 있었다, 언제까지나 내 기억 속에 살고 있는 그들은 만년 악동이라야 할 것이었다. 이 친구들을 만나 내가 제일 먼저 물은 것이 희수의 소식이었다.

희수는 오래전에 죽었다고 누가 말해 주었다. 초등학생 때 이미 어딘가 모르게 우수가 깃들었던 그를 떠올렸다.

나는 오랫동안 내 가슴에 떠돌고 있던 안개가 조용히 내려앉는 소리를 들었다.

친구들은 나를 '봉근 동창'이라고 부른다. 제주도 말로 잃어버렸다가 찾은 동창을 일컫는 말이라고 한다. 하긴 몇 십 년간 잃었다가 찾은 동창, 맞는 말이다. 제주도 사투리도 잊어버려서 처음 몇 년은 일일이 친구들이 나를 위해서 통역해줘야 했다. 내가 제주말을 대충 알아듣게 되자 몇 십 년의 갭을 뛰어 넘어 그들과 비로소 어울릴 수 있었다.

그들은 만나면 신기하게 어릴 적으로 돌아가곤 한다. 크리스마스 파티를 할 때는 서로 어깨를 겯고 〈고향의 봄〉이나 〈제북교 교가〉를 부르기도 한다. 그럴 때 친구들 얼굴을 보고 있으면 틀림없는 열 살 때의 표정으로 되돌아간다.

　어려운 일을 당한 친구를 진심으로 위로해 주고 친구에게 경사가 있으면 축하해주고 내 일처럼 기뻐한다. 애경사는 물론, 몸이 아픈 친구가 있어도 불원천리 뛰어가는 어릴 적 친구들이다. 오랜 우정이 곰삭아서 우러나는 짙은 정이다. 이 진득한 맛을 모르고서야 어찌 삶을 제대로 살았다고 할 수 있을까.

　재경북교 46회 동창회 모임에 봉근 동창으로 참석한 지 벌써 20년이 되었다. 처음에 30명이 넘는 친구들이 모여서 왁자지껄하더니 그동안 여덟 명이나 우리들 곁을 떠나갔다. 배우자가 먼저 간 친구도 서너 명이 된다.

　언제나 격의 없이 어울릴 수 있는 친구들, 돌아가며 노래를 부를 때 아무개가 일취월장했다고 용기를 주고, 곡조 틀리게 부르는 친구와 어울려 같이 따라 불러주는 동무들을 볼 때면 가슴이 따뜻해진다.

　그리고 바쁘게 살다가도 어릴 적 친구들을 만나면 두발 뻗고 앉아서 서로의 걱정을 나누고 격려하며 삶의 용기를 얻어 가지고 집으로 온다.

　어릴 때 여자·남자가 없듯이 지금 우리들은 그냥 동무일 뿐이다.

　이렇게 어릴 적 땅따먹기 하며 놀던 정다운 동무들 속에 있으면 그대로가 나에게 세상은 한 편의 동화인 것이다.

어느 봄날

　　한창 푸르른 봄이었다. 개나리 진달래는 꽃 잔치를 벌이고 길가에 풀잎까지도 싱그러웠다. 나는 차창 밖으로 먼 산에 아지랑이가 피어나는 것을 바라보았다. 파릇파릇한 가로수며 잘 정돈된 고속도로 풍경과 집들이 안개 속에 정다웠다.
"나오길 잘 했지?"
　남편이 동의를 구하듯 내게 물었다. 오랜만에 함께 Y시에 가는 길이었다. 거기에 갈 때마다 그는 젊은 때로 돌아간 듯 새로운 기분이 된다. Y시는 젊은 시절 남편이 교편을 잡던 곳, 갈 때마다 들르곤 하는 한식당에서는 우리를 반갑게 맞아주었다.

식사를 끝내고 주인아주머니와 한담을 하고 있을 때였다.

할아버지 한 분이 문을 열고 들어섰다. 밭에서 일을 하다가 온 차림이었다.

음료수를 사왔다며 종업원들에게 나눠주더니 그중 한 여자를 붙잡고 심각한 표정으로 얘기를 나누기 시작했다.

"영순아, 이제 그만 나한테 와서 살믄 안 되겠냐. 호강은 못 시켜두 나하구 살믄 좋을 게야. 땅이 많아 먹을 거 걱정 없구, 웃대조 선조들이 묻힌 선산에 네 자리도 마련해 줄 테니……, 그러다 너 죽으면 양지바른 곳에 묻어줄게……."

40중반쯤 되어 보이는 여인에게 노인은 청혼을 하고 있는 것이었다.

수더분하게 생긴 영순이란 종업원은 딱 잡아떼지도 못하고 쉽게 승낙할 수도 없어 고개를 약간 숙인 채 난감한 표정으로 듣고만 있었다.

벌써 여러 날째 간곡히 조르다가 생각해 보라며 돌아가곤 한다는 것이었다.

수년 전 상처하고 외로움에 더 이상 견디기 힘들어서 노년을 함께 보낼 짝을 찾아 나선 노인의 진실성에 감복되어 식당 주인도 권해 보았지만 여인은 결정을 하지 못하고 있다고 했다. 한동안 조르던 노인은 내일 다시 들르겠다며 문을 나섰다. 땀에 전 그의 뒷모습은 피곤해 보였다.
 "나한테 비해 할아버지 연세가 너무 많아요……. 지금은 건강하시지만……."
 여인은 죄지은 사람처럼 조그맣게 말했다. 그는 결혼 후 일 년도 못되어 실패했다고 했다. 초등학교만 겨우 졸업하고 그동안 남의 집을 전전하며 의지할 데 없는 영순은 우선 안락한 가정을 꾸미자는 할아버지의 구애가 큰 유혹이 될 수도 있을 것이다. 그러나 노인의 두 아들이 자기보다 연상이란 걸 생각하면 꺼려진다고 했다. 집안에서는 아들들에게 호랑이라는 평을 받고 있는 할아버지가 언제까지나 건강하게 자리를 지킬 수 있다고 말할 수 없을 것이다. 게다가 동네에서는 구두쇠로 소문났다고 한다.
 "그럼, 안 된다고 거절하지."
 "할아버지가 형편이 안됐어요. 낙심하면 어떻게 해요?"
 나는 한없이 착해 보이는 그 여인을 가만히 바라보았다. 그리고 한 사람분의 행복이 어딘가에서 그를 향해 손짓하고 있는 것처럼 생각되었다.
 '─그래요. 포기하지 말아요. 당신을 기다리는 행복이 어딘가에 있을 거예요. 노인의 삶에 부속품처럼 얹히지 말고 자기 의지로 열심히 사세요. 좋은 일이 있을 겁니다.'
 누구에게나 봄날은 있다.

기구한 인생을 살아온 사람에게도 꽃피고 새가 우는 봄날은 혹은 짧게 혹은 길게 반드시 찾아올 것이다. 나는 내 마음을 그에게 모두 건넬 수가 없었다. 그녀가 가게 안을 이리저리 뛰면서 바쁘게 음식을 나르고 있었기 때문이었다.
 다만 연민의 눈길로만 간절히 그를 바라보았다. 그리고 부지런히 서빙하는 그녀에게 부디 행운의 여신이 찾아와 주기를 빌며 식당을 나섰다.
 돌아오는 길은 해가 뉘엿뉘엿 지는 시간이었다. 노을 진 하늘에 구름이 붉게 물들고 있었다. 집으로 오는 시간 내내 내 머릿속에는 그 할아버지와 여인이 떠나지 않았다. 그들은 오랫동안 내 기억 속에 남아 있을 것이다.

청소를 부탁해

"꼼꼼하게, 꼼꼼하게! 꼼꼼청소를 시작하겠습니다. 청소가 완료되면 먼지통을 비워주세요."

이내 거실에는 작은 소음이 시작되었다. 로봇킹은 냇물이 흘러가듯 돌돌거리면서 온 집안을 돌아다닌다. 그러다가 간혹 다리에 전깃줄이 감기거나 걸레라도 걸리면 의젓한 목소리로 도움을 청하기도 한다.

"오른쪽 바퀴에 이물질이 걸렸습니다. 이물질을 제거해 주세요."

부드러운 목소리는 언제나 마음에 평안을 가져다준다. 급하다고 해서 큰소리를 치지도, 짜증을 내는 일도 없다. 나는 그의 부드러운 목소리에서 우선 친근감을 느낀다. 주부들이 쓰는 로봇킹에 호감이 가는 남자의 목소리는 잘 맞아 떨어지는 궁합이다.

현관 앞에 이르면 문득 멈춰 서서 현관 바닥에 떨어지지 않으려 조심하는 모습이 신통하다. 집 구조를 완전히 외운 것 같이 익숙하게 청소를 제법 해낸다.

구석구석 침대 밑까지 꾀부리지 않고 열심히 다니며 카펫 위는 터보모드로 전환하여 미세먼지까지 빨아낸다. 방에서 방으로 가는 길에 턱이 없어서 자유자재로 다니는 모습이 편안해 보이기도 한다.

세상이 초스피드로 발전하고 있다. 스마트 폰도 불과 몇 년 전까지 생각도 못하던 여러 가지 기능으로 업그레이드 되었고 컴퓨터도 하루가 다르게 바뀌어간다. 그러다가 주부들의 영원한 숙제인 청소까지 기계의 힘을 빌려 해결하는 시대가 되었다.

이렇게 하다가는 머지않아 보턴 하나만 눌러서 온 집안일을 맡길 수 있는 시대가 올지 모른다. 그것은 어쩌면 꿈이 아니겠는가 하지만 지금까지 꿈 같은 일들이 모두 현실화되고 있지 않은가.

모든 주부가 그렇겠지만 나도 집안 일 중에서 청소가 제일 힘이 든다. 로보킹이 다 돌아다니면서 깨끗이 해 놓은 실내를 대걸레로 따라다니며 닦는다. 마음먹고 온 집안을 치우다보면 하루가 다 가서 다른 일은 할 틈이 없다는 것이 누구나가 겪는 어려움이 아닐까 싶다.

그렇게 집안을 깨끗이 해놓으면 얼마 지나지 않아 금세 뽀얗게 먼지가 내려앉아 있다. 왜 우리가 사는 세상은 그렇게 먼지가 많은 걸까?

생각해보면 이 세상은 아무래도 먼지로 지어진 것 같다. 그래서 우리 몸도, 생각도 다 한 줌 먼지에서 비롯되었거나 먼지로 변하는 것이 아닐까. 그러다가 우리들 삶 그 자체도 종내에는 결국 검불로 돌아가는 게 아닐까 하는 허무함마저 든다.

이 작은 기계는 먼지를 잘 빨아들이고 미세한 것까지 완전히 흡착하는 성능이 있다. 게다가 말하는 로봇이기 때문에 적적할 때 좋은 친구처럼 내 곁에서 주위 환경을 말끔히 해 놓는 신실한 조력자인 것이다. 좀 느리긴 하지만 먼지도 날리지 않고 열심히 다니며 좁지 않은 우리 집을 깨끗하게 바꾸어 놓는다. 그가 쓸어 담은 먼지통을 비우며 늘 나는 고맙고 대견한 마음이다.

실컷 돌아다니다가 배터리가 부족하면 스스로 충전대가 있는 곳을 힘겹게 찾아가 꽁무니를 들고 올라앉는 모습은 귀엽기까지 하다.

그리운 사람들

최순우의 고택

　　나는 김광섭의 〈비둘기〉란 시를 통해 성북동을 좋아하게 되었다. 여고시절 어쩌다 성북동을 오가긴 했지만 그저 막연한 호감만 가지고 있었다.

　요 근래에 성북동에 볼거리가 많다고 하기에 이 일대에 있는 문화재를 둘러보기로 했다. 첫번째로 내가 들른 곳은 최순우 고택이다.

　혜곡 최순우 선생은 전 중앙박물관장이며 한국 미술 사학자인 동시에 미술 평론의 토대를 다진 분이다. 선생의 저서 ≪나는 내

것이 아름답다≫ ≪무량수전 배흘림 기둥에 기대서서≫를 읽고 우리 미술과 문화재를 살피는 빼어난 그 문장에 매료되었다. 나는 그 뒤로 부석사 무량수전을 다시 한 번 가보고 싶어서 무작정 길을 떠난 적도 있다. 아는 만큼 보인다고 했던가. 확실히 부석사가 다르게 보였다. 우리 문화재를 특별한 애착을 가지고 꼼꼼히 보면 진면목이 나타나는 법이다.

오늘은 혜곡 선생이 살았던 집을 찾아 가는 길이라 내 궁금증은 더했다. 대문을 지나 마당에 들어서는 순간 선생의 맑고 단아한 성품이 느껴졌다. 1930년대에 지어진 근대 한옥으로 선생이 1976년부터 팔 년간 살면서 이 집에 담으려 했던 한국적 아름다움을 나는 그대로 느낄 수 있었다.

이 집은 한국내셔널리스트 문화유산기금이 관리하는 시민유산1호로 지정되었다고 한다. 2002년 시민 성금으로 매입하여 보수, 복원한 뒤 2004년부터 일반에게 공개되었고 2년 후에 등록문화재 제268호로 지정되어 우리의 문화의 아름다움을 알리게 된 것이다.

안채 대청과 바깥채 사랑방에 유품이 전시되어 있었다. 사랑방은 선생의 집필 공간이었으며 현판에 杜門卽是深山(문을 걸어 잠그니 바로 이곳이 산중 깊은 곳)이라고 선생의 글씨로 쓰여 있다. 뒤뜰의 방문 위에도 午睡堂(낮잠자는 방)이라고 현판을 걸어놓고 스스로를 오수노인이라고 하였다고 한다.

그러나 어찌 그가 오수나 즐겼겠는가?

건넌방은 딸이 기거하던 곳인데 추사 김정희의 글씨로 梅心舍(매화 마음을 가진 방)라고 하였으니 분명 멋스러운 분이셨다.

뒤뜰에는 단풍, 자목련, 감, 모과, 산수유 등 어디서나 볼 수 있는 수목들이지만 잘 안배하여 심겨져 있었다. 정원 한쪽에 서 있는 문인석 사이로 들꽃이 피어 아름다웠다.

도심 속 자연을 툇마루에 앉아 감상하였을 선생의 탁월한 안목에 고요히 빠져보는 시간이었다.

심우장

심우장이라는 안내판을 따라 가파른 언덕길을 한참 올라가니 만해 한용운이 1933년부터 세상을 떠날 때까지 11년간 살던 집이다. 남향으로 터를 잡으면 조선총독부와 마주 보게 된다며 반대편 산비탈의 북향 터를 선택하였다고 한다.

한용운은 승려이며 시인, 독립투사였다. 선종의 경지에 이르는 과정을, '잃어버린 소를 찾는다는 심우尋牛'라는 말에서 빌어 '심우장'이라 불렀다고 한다. 즉 '오직 깨달음을 위한 수행의 길'이라는 그의 높은 인생철학을 엿볼 수 있게 한다.

정면 4칸 측면 2칸 규모의 단출한 기와집으로 팔작지붕 형태였다.

1985년 서울특별시기념물7호로 지정되었으며 심우장이라는 현판은 만해와 함께 독립운동을 했던 서예가 오세창이 썼다고 한다.

만해가 세상 떠나고 그의 딸이 심우장에서 살다가 일본 대사관이 맞은편에 생긴다는 소식을 듣고 다른 데로 이사하고 심우장은 만해 사상연구소로 사용하도록 했다.

대쪽 같은 그 아버지에 그 딸이라는 생각이 들었다.

방에는 그의 글씨, 연구논문집, 옥중공판기록 등과 초상화가 보존되어 있다. 그는 옥중의 동지를 생각해 겨울에도 온돌에 불을 지피지 않은 채 추위를 견뎠다 하니, 분명 불굴의 의지와 집념의 사람이었다.

다른 방에는 3·1독립선언문, 그가 발행한 잡지 〈유심〉이 자료로 전시되어 있었다.

마당에는 만해가 손수 심은 향나무가 청청하게 우뚝 솟아있어 그의 기개를 보는 듯했다.

수연산방壽硯山房

상허 이태준의 고택으로 20세기 초에 지어졌다. 이태준은 월북작가로서 얼마 동안은 그에 관해서 얘기하는 것조차 금기시되었다. 이태준은 〈까마귀〉, 〈봄〉, 〈달밤〉, 〈복덕방〉, 〈밤길〉등 단편

소설을 쓴 근대문학의 대가였다. 장편소설로는 〈황진이〉, 〈왕자 호동〉이 있다.

이태준은 수연상방에서 1933~1945년까지 집필활동을 하였다. 모더니즘 문학가들의 모임 '구인회'에서 이태준은 한국어와 한국문학을 지키기 위해 앞장섰으며, 그는 잡지 〈문장〉의 편집인이기도 하였다. 서남향을 바라보며 집을 지었고 조붓한 마당에 꽃, 나무, 돌이 있어 멋스럽다. 한옥은 나지막한 담장이라야 집과 어우러진다. 한옥에 관심 있는 분이라면 여기서 정말 아름다운 담장과 한옥을 발견할 수 있을 것이다.

수연산방이라는 편액이 걸린 목조 문을 지나자 흙과 기와로 만든 아담하고 운치 있는 한국식 앞마당이 나오고 한국과 일본 건축양식을 융합해서 지은 집이 고풍스러웠다. 격식이 갖춰져 있는 단정한 집으로 한눈에 보아도 뛰어났다.

앞마당 건너편에는 상허 선생이 서재로 썼다는 별채가 있는데 난간까지도 너무 정교하고 아름답다. 이 집은 서울시로부터 민속자료 제11호로 지정되었다.

서재에는 그릇과 장구 고소설의 판본들이 보관되어 있었다.

고택 안에는 오래된 그릇과 소품들이 70년 전의 생활상을 그대로 보여주는 듯했다. 당시 시인 정지용은 이 집을 얼굴이 예쁜 소녀에 비유했다고 한다.

뜰에 서 있는 커다란 사철나무가 이 집의 역사를 말해주고 있는 듯하다.

현재는 외종손녀가 전통 찻집으로 쓰고 있어 우리는 별채로 들어갔다.

거기서 나오는 떡과 차도 전통을 중시한 때문인지 요즘 흔히 볼 수 있는 떡과 달라 보였다. 이태준의 낡은 가족사진을 보고 그와 말없는 대화를 나누었다. 이태준 선생이 많은 작품을 쓴 수연산방에 앉아 나는 이태준을 느끼고 싶었다.

한참 후 나뭇잎 지는 가을날 오후, 충만한 마음으로 언덕길을 내려왔다. 걸어 다닐 수 있을 만큼 가까운 거리에 많은 문화재들이 모여 있으니 성북동은 참 운치 있는 동네인 것이다. 우리의 선조들은 어려움 속에서도 저렇게 아름다운 정신과 굳은 절개로 오늘이 있기까지 자리를 지켜왔구나 하는 생각이 들었다. 역사에 굵은 획을 남긴 분들의 향내 나는 자취를 언제나 보고 싶으면 와서 볼 수 있는 성북동이 있다는 사실이 고마울 뿐이다.

5부

내 가슴에 기름을 채워

햇빛이 찬란한 곳

사는 것도 한 번씩 흔들어줘야 제 맛이 나는가. 가라앉았던 일상을 한 번 휘저어주는 마음으로 이탈리아 여행을 떠나기로 했다.

예로부터 그 이름만으로도 사람들이 유혹을 느끼는 나라 이탈리아! 건축, 조각, 미술, 음악 등 뛰어난 예술 작품들이 있는 고대 도시를 다시 한 번 보고 싶다는 욕망에서였다. 이번에는 쫓기듯 하는 여행이 아니라 그곳에 자리 잡고 사는 친구가 있어서 한 달 동안 느긋하게 샅샅이 둘러보리라 작정하고 나선 길이었다.

이탈리아에는 고대와 중세, 현대가 서로 조화를 이루며 공존하고 있었다.

 세계 3대 미항이라는 나폴리는 아름다운 바다와 목가적인 도시로 알려져 있었는데 명성만큼 아름답지는 않았다. 지금은 집시들이 모여 살아서 본래의 모습은 퇴색하고 지저분해졌다. 중요한 유적으로는 산 카를로 극장, 대성당인 두오모, 누오보 성당이 있어 바로크 시대의 건축물로 그 규모나 장중함에 있어서 대단했다.

 길가에 지천으로 핀 파파베리를 보며 이국적이라는 생각을 하고 있을 때 버스는 폼페이에 도착했다. 〈폼페이 최후의 날〉이라는 영국 소설가 리턴의 장편소설에서 고대도시의 사치와 방탕이 어떤 종말을 가져오는지 경종을 울렸던 것이 기억났다.

 이천 년 전, 두 번에 걸친 지진에 의해 도시는 대규모 피해를 입게 되었다.

 폼페이는 지금은 내륙이 되었으나 당시에는 화산 남동쪽 사르누스 강 하구에 있던 항구도시였다. 고대도시로 규모가 상당히 컸으며 인구는 2만 명에 달했다고 한다.

 폼페이는 완벽하고 유서 깊은 도시였다. 황제 아우구스투스 시절부터 시행한 도시재개발로 인해 로마에 인접한 최고의 휴양 도시였다. 주변에는 장엄한 신전들과 공회당들이 있어 도시의 위엄을 과시하기도 했다. 도로들은 완벽하게 뻗어 도시의 모든 곳을 소통시켜 주고, 그 도로의 표면은 대리석과 타일 장식으로 마감되어 있고 중요한 길은 마차로와 보도가 분리되어 있었다.

주점이 있던 흔적이 있었고 골목 안에는 창녀촌이 여행자의 눈길을 끌었다. 그 시절엔 대다수의 사람들이 쾌락적이고 향락적인 도시생활을 했다는 것을 알 수 있었다. 완벽한 형태의 노천극장에서는 희극이 상영되었고 경마장도 있었다. 그리고 동시에 수백 명이 목욕할 수 있는 대중탕이 네 개나 있었다. 전성기에 갑자기 멸망한 도시에는 호화저택과 수준 높은 건축술과 섬세한 조각품, 다양한 양식의 벽화가 남아있어서 헬레니즘 회화를 미루어 짐작할 수 있었다. 돌벽이나 돌바닥 등에 그려진 음란한 그림들과 퇴폐적인 모습은 그 사회가 얼마나 도덕적으로 문란했는지를 말해준다.

당시 불의 신을 위한 축제가 있었는데 다음 날 베스비오산에서 불덩이가 폭발되었다고 한다. 250도나 되는 불덩이가 도시를 휘감았고 화산재가 한 뼘도 넘는 두께로 도시 전체를 덮었다니…. 일상을 평화롭게 보내던 사람들이 산 채로 영원히 매몰되어 오랜 세월 잊히고 만 것이다. 그러다가 1549년 수로 공사 도중 폼페이가 세상에 처음 알려지게 되었다.

아직도 다 발굴된 것은 아니라는데 지금 발굴된 것만 해도 얼마나 거대한 도시였는지 알 수 있다. 수많은 사람들이 살던 곳이 어떻게 그렇게 하루아침에 없어질 수 있단 말인가! 그 유적지에서 발굴된 화산재에 묻힌 미라의 형상은 후세 사람들에게 경종을 울리기 위한 것이 아닐까?

저만치 푸르게 그 위용을 자랑하며 서 있었던 베수비오 화산, 그 산을 보고 온 후 줄곧 내 마음속에 지금도 살아 있어서 옳고 그름을 분별하는 상징이 되고 있다.

폼페이의 충격에서 헤어나기도 전에 나는 남부 해안의 보석이라는 포시타노, 아말피까지 세 시간 넘도록 아래로 뻗어있는 층계를 걷고 걸으며 파스텔 색조의 아름다운 마을을 만났다. 바그너와 울프는 이 아말피 해안을 열정적으로 노래했다고 한다. 나도 그들과 한 마음이 되어 환상적인 마을의 아름다움에 잠기고 싶었다.

이탈리아 지형을 여인의 긴 장화에 비교한다면 이곳은 발등 부분에 해당된다. 작은 골목길을 돌고 돌아 나오면 에메랄드빛 바다를 보며 환호하듯 서 있는 새하얀 집들을 만난다. 강렬하게 비치는 햇볕 아래 끝없이 이어지는 해안을 따라 걷노라면 향내 뿜는 레몬 숲이 늘어서 있는 절벽에 닿는다. 북적거리는 여행객들로 하여 활기가 넘친다.

그 여행객을 상대로 살아가야 하는 이탈리아 사람들도 덩달아 활기 넘치게 될 것 같다. 시간이 멈춰버린 것 같은 도시, 그림엽서 같은 집들로 가득 찬 해안선을 따라가는데 동화의 나라로 들어오라는 듯 그림처럼 지어진 아름다운 집들이 다투어 여행자에게 손짓한다. 나는 환상에 젖어 다리 아픈 줄도 모르고 걸었다.

우리는 소렌토에 도착했다. 온 천지에 가득한 오렌지 향기를 맡으며 동행한 친구가 〈돌아오라 소렌토로〉를 불렀다. 태양은 찬란히 오로지 우리만을 위해 비치고 있는 것 같았다. 이곳에 사는 사람들이 왜 그렇게 자기의 정열을 드러내는지 알 것 같았다.

젊은 날의 나는 알 수 없는 장래에 대해서 얼마나 가슴 두근대며 기다렸던가. 바로 그 옛날의 미래에 와 있다는 생각이 들었다. 나는 바로 지금의 이 순간을 가슴 가득 안아 보고 싶었다. 우리는 상기되어 서로를 건너다보았다. 소렌토는 카프리 섬으로 가는 길목이어서 사람들의 통행이 빈번하다.

소렌토 반도의 남부를 따라 죽 뻗어있는 아말피 해안은 유럽에서도 아름답기로 손꼽히는 곳으로 많은 사람들의 휴양지로 사랑받는다. 맑은 햇빛을 머금고 쏟아질 듯 지중해를 바라보고 있는 아말피에서 잠시 이곳 사람들 속에 섞이게 되었다.

나는 여행자가 아니라 그곳에 사는 사람인 양 자연스레 그들을 관찰하였다. 가게들에서는 레몬으로 만든 술, 향수, 음료, 사탕 등 특산물을 팔고 있었다. 물건을 파는 사람도, 사는 사람도 모두가 행복해 보였다. 띄엄띄엄 보이는 중세 교회와 이탈리안 식당들,

네온이 반짝이는 와인 바가 어우러진 활기찬 곳이었다. 지는 해를 바라보며 나는 저녁을 어떻게 먹었는지도 모르겠다. 한참을 맛있게 먹다보니 접시가 비어 울고 있었다(맛있게 먹고 나서 이 표현을 쓴다).

현대의 아름다움만 있는 것이 아닌 옛날로 돌아간 듯한 귀족적인 분위기의 느긋한 여행도 참 좋은 것이었다. 예쁘고 이색적인 공예품을 파는 거리를 여유로운 마음을 가지고 걷는다는 것만으로도 내 안에 도사린 팽팽한 긴장이 느슨해지는 것을 감지할 수 있었다.

삶이 지루하게 느껴질 때면 또 다시 이 길 가운데에 서리라. 코발트 빛 지중해와 흰 구름, 찬란하리만치 내리쬐는 햇살, 더할 수 없이 아름다운 마을과 그 곳에서 행복해 뵈는 사람들을 오래 기억하고 내 마음의 영상으로 남기리라.

갈대와 야생화의 다랑쉬오름

　　오름은 잔디와 억새로 뒤덮여서 마치 민둥산 같다. 그러나 자세히 보면 자잘한 꽃과 희귀한 나무들이 있어 제주 오름에서만 볼 수 있는 시원한 전망은 가슴을 후련하게 한다.
　오름은 산에 비해 높지도 않고 규모도 작아서 걷기에 힘들지 않다. 한라산의 이모저모 보기를 원하는 나에게 제주 사람들은 오름을 추천하였다. 작은 화산체로 생긴 오름을 걷다보면 현무암질 용암이 흘러나와서 여기저기 돌이 지천으로 깔려 있다. 젊어서부터 제주도를 사랑했던 아버지는 유난히 동글동글한 붉은색 화산석들을 가리켜 '송이'라고 했다. 송이는 건축자재로 쓰면 가

법고 단단하다고 한다. 제주에 가면 송이가 지천으로 있어서 저절로 아버지 생각이 난다.

　나는 이튿날 새벽 구좌읍 중산간에 있는 다랑쉬오름으로 향했다. 제주의 동쪽에 있는 제일 높은 오름인데 백제 시대부터 '높은 봉우리'라는 뜻으로 그렇게 불려왔다고 전해진다. 송당에서 성산읍 수산 쪽으로 가는 버스를 탔다. 섬잔대 등 청자색 꽃이 눈길을 끌었다. 30분쯤 올라가려니 이마에 맺힌 땀방울을 닦을 겨를 없이 먼저 오른 일행들에게서 터져 나오는 탄성이 들렸다. 정상에 서자 커다란 분화구가 있어 빨려 들어갈 것만 같았다. 분화구의 깊이는 한라산 백록담과 맞먹는다고 한다.

　바다 쪽으로 시선을 던지자 성산 일출봉이 아련하고 우도가 그 옆에 누운 소처럼 평화롭다. 이렇게 일기가 좋은 날엔 경치가 선명하게 보인다. 대형 풍력발전기의 하얀 날개가 이국적이고 눈 아래 깔린 오밀조밀한 밭과 나무들, 그리고 여기저기 솟은 오름들이 한눈에 보였다. 웅장한 한라산이 섬 한가운데 자리 잡아 오름을 향해 앞만 보고 걷다가 뒤돌아보는 경치 또한 장관이다.

　네모나게 산담으로 둘러싸인 무덤들이 띄엄띄엄 보인다. 세상을 다 가진 듯 발아래 있는 들판과 하늘, 저 멀리 바다가 감싸고 있는 풍광을 온몸으로 보고 느낀다. 파노라마처럼 펼쳐진 이 자연을 언제까지나 바라보고 싶다.

어제 비행기에서 만난 여류화가는 제주의 하늘에 반한 나머지 지금까지 제주 왕복을 백 번이 넘게 했다고 한다. 변화무쌍한 제주 하늘은 오름에 올라서 보면 더 잘 보인다. 일출 때의 구름 낀 하늘빛은 오묘하다. 그리고 그 빛이 금세 사라진다.

다랑쉬오름에는 슬픈 역사가 있다. 동굴에서 4·3사건 때 죽은 것으로 보이는 아이들까지 포함한 열한 명의 유골이 발견되었다고 한다. 지금은 빈터만 남은 구좌읍 세화리의 다랑쉬마을은 갈대가 무성했지만 아직도 그 흔적이 남아있었다. 키 낮은 야생화들이 무심하게 피어 그들 넋을 위로하는 듯했다.

그 옆에 아끈다랑쉬오름이 있다. 작은 다랑쉬오름이라는 뜻으로 제주토박이들이 가장 사랑한다는 오름이다. 산정이 해발 300m 밖에 안 되는 원형 야구장과 비슷한 형태였다. 다랑쉬오름에 비해 아끈다랑쉬오름은 오르기 쉬워서 사람들이 즐겨 오르곤 한단다.

올라오는 내내 능선에 야생화가 깔리듯 만발해 있고 능선 아래 평원에는 누렁소들 몇십 마리가 풀을 뜯고 있어 한가롭다. 여기 와서 보니 소털색이 그렇게 예쁜 줄 전에는 몰랐다고 말하면서 우리는 웃었다. 공기가 살아 있어서 소들도 건강한 것 같다.

오늘은 일출을 볼 수 있는 절호의 기회인데 안개 때문에 보기 어렵다. 그러나 운 좋으면 방목한 노루도 만날 수 있다고 하니 여기가 바로 에덴이 아닐까? 입구에서부터 나무를 이용한 계단이 있어 오르기에 편했다. 산 정상은 안개가 끼었다 걷혔다를 반복하고 있었다.

드세지만 차갑지 않은 제주도의 바람 소리가 들려오고 있었다.

흥망이 유수하니

내가 나가는 서클에서는 한 달에 한 번씩 문학기행을 한다. 우리나라에서 옛 문인의 발자취가 남은 곳이면 어디든지 우리는 떠난다. 거기 가서 옛 문인들의 정취를 느끼고 오면 그것은 살아있는 느낌으로 녹아들어 정신세계의 뿌리가 되는 것 같다.

오늘의 여행지는 치악산과 원주 일대로 원주 원씨 중시조인 운곡 원천석의 문학 세계를 체험하게 된다. 원천석이라 하면 국어 교과서에도 나와 있어서 낯익은 인물이다.

대관령을 경계로 하여 영서지방의 중심이 되는 원주는 치악산으로도 유명하다. 붉은 바위가 많다 하여 원래는 적악산赤岳山이라고 불렀으나 꿩의 보은에 대한 전설로 인해 치악산稚岳山이라고 이름이 바뀌었다. 궁예 때 고려의 발원지이기도 하였으며 고려 때나 임란 때 격전장이었던 흔적으로 영월산성, 해미산성 등이 남아있고 태종이 운곡 선생의 고매함을 흠모했다는 고사가 실린 노구소老嫗沼, 운곡 선생이 작품을 쓰며 살던 움막터 등이 있었다. 실제로 그의 유적지를 찾아다니며 운곡선생의 결 고운 성품을 만났다.

원주에서 우리를 맞아 안내해준 분은 운곡문학연구회 회장이신 양근열 선생님인데, 많은 자료를 준비해서 자세하고 열성적인 말씀을 들려주셨다.

- 운곡은 1330년 태어나 성균시에 합격해 진사가 되었으나 당시 국가고시인 과거에는 오르지 못하였다. 1392년 고려가 무너지고 조선이 개창되자 이를 개탄하여 치악산으로 은둔하여 독서와 후생교육으로 일생을 마쳤다. 이방원이 유년 시절 그에게 배운 바 있어 태종에 즉위한 뒤 여러 차례 벼슬을 내리고 출사를 명하였으나 응하지 않았다. 나중에는 태종이 직접 그를 찾아 원주로 갔으나 만나주지 않았다.

태종이 세종에게 왕위를 물려주고 나서야 백의를 입고 서울로 와 태종을 만났다고 한다. -

한 시대의 충신이요 문장가인 운곡의 발자취를 찾아 석경촌에 이르니 마을 뒤쪽에 '耘谷元天錫先生參道'라고 쓰인 표석이 서있다. 그 길을 따라 오르자 누에허리형이라는 특수한 지형의 묘소가 울창한 송림 가운데 자리하고 있다. 이 무덤자리는 드물게 보는 명당이라고 한다.

높지 않은 봉분은 밋밋한 지형과 어울려 편안한 느낌을 주었다.

선생이 저술한 운곡시사를 통해 당시의 사회상과 철학을 엿볼 수 있었는데 고려왕조를 재건하려는 입장에서 제도 개선에 치중하는 입장을 견지하였으며 또한 행정을 너그럽게 집행하라고 하였다. 이에 대해 미수 허목許穆은 "군자는 숨어 살아도 세상을 저버리지 않는다고 하더니 선생은 벼슬살이를 피하여 스스로 숨었지만 세상을 잊은 분이 아니었고 변함없이 도를 지켜 그 몸을 깨끗이 하여 백대의 스승이 되었다."고 하였다.

이 문집에는 왕조 교체기의 역사적 사실과 그에 관한 소감을 1,000 수가 넘는 시로 읊은 것도 전한다. 후세의 사가들은 모두 원천석의 증언을 따랐다고 한다.

운곡 선생 재실이 되는 석경사 경내의 시비에서 회고가懷古歌를 읽는다.

　　흥망이 有數하니 만월대도 秋草로다

오백년 王業이 牧笛에 부쳐시니
석양에 지나는 客이 눈물겨워 하노라.

이 시조는 고등학교 국어 교과서에서 익히 배운 충절의 시로 ≪청구영언青丘永言≫에 수록되어 있는 작품이다. 그는 수많은 시조와 한시를 남겼는데 나라에 대한 충절, 운둔 생활의 단면, 현실에 대한 인식 등을 강한 통찰력으로 진솔하게 다루고 있다.
이색, 길재, 원천석 등 정선에 은거했던 일곱 은자가 가난을 달래며 고려를 그리워하는 아라리를 동음同吟했다는 기록이 있다던가, 그로 인해 아리랑이 생겨났다는 주장도 있다고 한다. 달리는 차 안에서 듣는 정선아리랑, 진도아리랑은 그들 가슴속 울분을 삭혀 승화시킨 특별한 정서로 다가왔다.
그리고 조선 후기의 시인 손곡 이달의 한시에 대해서도 접하는 기회를 갖게 되었다. 허균, 허난설헌의 스승이기도 했던 그는 뛰어난 재질로 훌륭한 작품을 많이 남겼으며 특히 당시唐詩의 달인이었다고 한다.
오늘 하루 은자들의 세계를 다녀와서인가 돌아오는 길은 사물 저쪽의 깊이 있는 세계까지 생각하게 한다. 시대의 큰 흐름과 상관없이 혼자의 힘으로 옳은 길을 찾고자 하는 것이 무모하게 보였었지만 이제는 나이를 먹어서일까. 하나의 곧은 정신이 지렛대의 힘으로 역사를 지탱하고 세상을 바로 세우는 원기가 된다는 것을 깨닫는다. 참으로 소중한 것은 인간의 정신이며 그것은 몇 백 년의 시공을 넘어서까지도 우리 가슴에 살아있음을…….

 차창 밖으로 펼쳐지는 들판에 개나리가 지천이고 산모퉁이에 솔숲이 푸르다. 구불텅한 오솔길로 휘적휘적 운곡 선생이 걸어온다. 그의 꼬장꼬장한 걸음걸이가 댓잎 같다.

매물도 봄 바다

 오월, 매물도로 가는 바닷길은 잔잔하다. 하루 두 번뿐인 배는 미끄러져 매물도 당금마을에 닿았다. 제주에서 원정을 왔다는 해녀들이 태왁에 의지하여 암초 가까이 다가가는 것이 보인다. 물때에 맞춰서 줄낚시를 하는 사람들은 도다리를 잡고 있다.
 선착장에는 두어 명의 여자들이 무표정하게 앉아 그물을 깁는다. 통통배 한 척이 들렀다가 가는 바람에 섬의 정적이 잠시 깨졌다가 다시 고요가 찾아들었다.
 우리가 묵기로 한 집에서 마중 나왔다고 인사를 한 남자는 건

강한 젊은이였다. 머리를 길러서 뒤로 묶은 그 남자는 잘 웃었다. 섬에서는 눈에 띄는 차림새였다. 그는 시 쓰는 사람들을 너무 좋아한다고 했다.

우리는 환대를 받으며 후박나무 숲을 지나 가파른 언덕을 올라갔다. 그는 자기가 손수 지은 집이라며 도중에 있는 조그만 찻집을 가리켰다. 육지에서 손님이 올 때마다 문을 열어 장사를 한다고 했다.

자연 그대로의 섬에서 인간이 할 수 있는 일이 극히 제한적일 거라고 생각하며 경사진 길을 오른다. 앞서가던 그가 자기 집이라며 우리를 안내하자, 안에서 젊은 여자가 나와 우리를 맞았다. 이런 섬에서 허드렛일이나 하고 살 여자 같지는 않았다.

"매물도는 청정지역이네요. 아름다워요."

내가 말을 건네자 그녀는 웃으며 고개를 끄덕였다.

등대를 보러 산등성이에 올랐다. 서두르지 않고도 살 수 있는 섬을 내려다보면서 자연은 스스로 그 아름다움을 연출하고 있구나 하는 생각이 들었다. 소용돌이치는 파도 위의 기암괴석을 바라보고 섰는데 저녁식사가 다 준비되었다고 부르는 소리가 들렸다.

성게가 든 미역국에 신선한 생선회, 해초무침에 바닷말…… 바다 향기가 물씬 풍기는 밥상이 식욕을 돋워주었다. 주인 남자는 쾌활하였다. 손님이 오신다기에 잠수해서 미역을 채취하고 작살로 생선을 잡아왔노라고. 그는 두 달 후 자기들의 결혼식이 있는데 하객으로 와 줄 수 없느냐고 하였다. 우리는 그냥 웃었다.

식사 후에 툇마루에 앉아서 차를 마셨다. 우리는 노을이 황금빛으로 물들며 서서히 저무는 바다를 바라보았다. 바위섬에서 방목되던 염소 떼들이 해안을 따라 후박나무 숲으로 모여드는 것이 보였다. 나는 그녀에게 말을 걸고 싶어졌다.

"고향이 어디예요?"

"대전이에요. 대전에서 대학 이학년까지 다녔어요."

그런데 왜? 여기에……, 하는 눈빛으로 바라보자 그녀는 어렵사리 입을 열었다.

친구와 여행 중에 노총각인 그를 만났다고 했다. 그와 사귀게 되었는데 집에서는 나이도 마흔이 가깝고 학벌도 없고 재산도 없는 그를 결사반대하여 결국 이렇게 집을 나와 버렸다고 했다.

"집을 나온 지 몇 달 지나 결혼을 하게 되었는데 지금은 오히려 망설여져요. 그 땐 그런 생각을 안 했는데 자꾸 부모님 가슴을 아프게 하고 결혼한다는 게 마음에 걸려서요."

그녀의 말에 나는 당장 지금이라도 부모님께 돌아가야 한다고 말하고 싶은 것을 참았다. 아직도 애태우고 있을 그 여자의 부모가 떠올랐다.

"사람의 한평생을 백 년으로 볼 때 이제 이십여 년밖에 안 된

학생은 얼마든지 다시 살 수 있어요. 후회가 되는 일은 될 수 있으면 안 하고 사는 게 좋지요. 우선 학업을 마치고 나서 그래도 이 사람하고 결혼할 것인가 곰곰이 생각해 보는 건 어때요?"

나는 기어코 말을 하고야 말았다. 그녀는 아무 말 없이 머리만 숙이고 있었다.

나는 그들의 그 후 소식을 모른다. 그러나 간혹 매물도가 생각날 때면 그 청정한 바다 깊은 물과 거기서 만난 그들이 떠오른다. 한때의 충동에 빠져 사리분별을 못해 단 한 번뿐인 인생을 힘들게 사는 일이 없었으면 하고 빌어본다.

옥녀봉 휘파람새

바다가 가장 잔잔하고 맑은 오월을 택해 경남 통영시에 있는 사량도에 갔다. 몇몇 문우들과 같이 가서 며칠 동안 샅샅이 사량도를 훑어보기로 하였다. 우선 윗섬에 있는 지리망산(398m)을 보기 위해서 동강나루를 건너갔다. 짙고 옅은 연둣빛 아름다운 산에서는 희한한 새소리들이 우리를 반겼다. 이 섬에는 오백 년 전부터 사람이 들어와 살기 시작했다고 한다. 울창한 산이 있고 아름다운 바다가 어우러져서 사량도는 보통 섬이 아닌 듯했다.

면적은 아랫섬이 더 크나 사람들은 웃섬에 더 많이 모여 산다.

사람들은 옥녀봉보다는 칠현동이나 옥동마을에서 보아야 사량도의 진면목을 느낄 수 있다고 했다. 호수처럼 잔잔한 바다를 배들이 빈번하게 왕래했는데 그 풍경이 매우 아름다웠다.

진촌리 선착장에서 길 건너 왼쪽에는 최영 장군 사당에 오르는 좁은 고샅길이 있고, 거기 오래된 팽나무가 있어 운치를 더해 주었다. 섬에서는 보기 드물게 높은 산이 있어 맑은 날이면 이 섬에서 육지에 있는 지리산이 보인다고 하여 지리망산이라고도 부르고 요즘은 줄여서 아예 지리산으로 부르기도 한다.

높이는 낮지만 릿지등반과 10m의 서패클리밍을 할 정도로 등산의 모든 것을 맛볼 수 있다고 한다. 능선에 올라 눈을 북쪽으로 돌리면 멀리 백두에서 힘차게 내리뻗은 백두대간이 남녘에서 마지막 용틀임을 하며 줄달음치는 모습을 볼 수 있다던가. 하여튼 지리망산은 독특한 산행을 즐길 수 있어 등산가들의 관심을 끈다.

산행 코스로는 돈지선착장에서 불일산(399m)으로 하여, 옥녀봉(285m), 다시 진촌으로 오는 다섯 시간 산행길이다. 이 길은 양 옆에 벼랑이 있고 암릉길이며 숲길이어서 절묘한 조화를 느낄 수 있다.

또 다른 코스로는 돈지에서 시작하여 주능선에서 다도해의 장관을 보고 지리망산을 거쳐 불모산까지 가는 길이다. 불모산 정상 직전의 능선과 옥녀봉까지의 좁고 날카로운 바윗길은 마치 설악의 공룡 능선과도 같다. 뱃길로 삼천포항에서 사량도의 돈지 선착장까지 50분, 통영에서 한 시간 거리를 한려수도의 아름다움에 취하다 보면 어느새 도착 방송이 나온다.

윗섬과 아랫섬은 검푸른 물살로 1.5km 떨어져 있다.

비행기를 타고 가다 보면 사량도가 뱀이 똬리를 튼 것같이 보인다고도 하고, 아랫섬의 건널목인 동강나루에서 보면 뱀이 꼬리를 물고 다리처럼 지나다닌다고 해서 사량도蛇梁島라는 이름이 생겼다.

지금은 달라졌지만 26.82km²의 섬인데 예전에는 다른 곳보다 뱀이 많았다. 아직까지 꿩이 없는 것도 뱀의 극성 때문에 그렇다고도 하는 걸 보면 전혀 상관없는 이야기는 아닌 것 같다.

역사, 지리적으로 요충지였던 사량도에는 역사의 흔적이 많이 남아있다. 윗섬 금평리 진촌은 신라시대 청해진을 설치한 장보고 장군이 머물렀던 곳인데 고려 말엽에는 해구의 잦은 침입을 막기 위해 최영 장군도 이 섬에 있었던 기록이 있다. 오늘날 이 섬에 최영 장군 사당이 있는 것도 그와 무관하지 않을 것이다.

사량도에는 낙지, 학꽁치, 멸치, 굴, 우렁쉥이가 많이 나고 낚시로는 볼락이 많이 잡힌다. 우리는 동백식당에서 점심을 먹었다. 일행 중에 기타를 메고 온 송상욱 시인이 있어서 노래를 청해 들었다.

비 내리는 삼천포에 부산 배는 떠나간다
어린 나를 울려놓고 떠나가는 내 님이여
이제 가면 오실 날짜 일 년이요 이 년이요
돌아와요 네 돌아와요 네 삼천포 내 고향으로

 기타와 함께 구슬픈 목소리로 부르는 노래를 듣고 있자니 가슴이 찡해 왔다.
 마늘밭에서는 상큼한 봄내가 풍겨오고 마을의 집집마다 동백꽃이 심어져 있다. 산 중턱까지 밭을 만들어서 야채를 심고 한편으로 산마루로 난 오솔길이 있었다. 양식장에는 부표가 점점이 떠 있고 현무암 검은 칼날 같은 바위가 보였다.
 근친상간의 슬픈 사연이 깃든 옥녀봉과 지리망산을 멀리서 보는 순간, 나도 모르게 옥녀의 아름다운 모습에 넋을 빼앗긴 것일까. 옥녀봉이 바로 거기 있었다. 스카이라인과 하나가 되어 지리망산 꼭대기에 누워있었다. 명료한 표정이 그렇게 아름다울 수 없었다.
 등산로 입구에는 산길이 험악하여 사고가 자주 발생하니 주의하라는 문구가 씌어 있었다. 전설 속 옥녀의 이야기가 가깝게 느껴지는 건 나만의 생각일까.
 옥녀는 일찍 어머니를 여의고 아버지와 단둘이 살았다고 한다.

자랄수록 그 미모가 출중해가며 행실 또한 남달랐다. 절세의 미인인 딸을 마을 사람들은 옥녀 혹은 천녀라고 불렀다. 홀로 된 아버지마저 옥녀에게 연정을 품게 되었다. 있을 수 없는 일이었으나 아버지는 옥녀에게 자신의 연정을 말하였고 옥녀는 욕정에 눈이 먼 아버지를 설득하려 하였다. 매일 밤 옥녀는 말할 수 없는 고통 속에서 아버지 때문에 번민하였고 비바람이 몰아치던 어느 날 밤 아버지는 체면 불구하고 옥녀의 방으로 뛰어들어 갔다.

옥녀는 "어찌 사람의 가죽을 쓰고 아버지께 몸을 바칠 수 있겠습니까? 소녀가 저 산 위에 있을 터이니 아버지가 소 방석을 둘러쓰고 소 울음을 내면서 기어 올라오면 차라리 소 된 마음으로 아버지를 허락하겠습니다."라고 울며 호소했다.

옥녀는 설마 아버지가 짐승처럼 기어오면서까지 자신을 탐하지 않으리라는 한 가닥 희망을 품고 있었지만 기어코 아버지는 짐승의 흉내를 내며 산을 올라오는 게 아닌가! 하늘도 무심하여라, 옥녀는 드디어 마지막 방법을 선택할 수밖에 없었다.

어두운 밤, 산꼭대기에 이르러 다른 방법이 없음을 알고 절벽 아래로 몸을 날려 죽음을 택했다. 순결한 옥녀의 애틋한 영혼이 남아서일까.

그 이후 대례를 치러보지 못한 채 간 옥녀를 추모하기 위해 사량도의 결혼식에는 대례가 없어졌다. 만약 대례를 치르면 그 결혼이 파경에 이른다는 옛말이 전해오고 있다. 그리고 옥녀가 떨어져 죽었다는 복돌 바위에는 붉은 색의 이끼가 피어있어서 옥녀의 피를 상징한다고 한다.

옥녀를 낳은 사량도의 풍토 때문인지 사량도에는 미인이 많다고 하였다.

실제로 섬 일주를 하고 있는데 그곳에서 만난 여자들이 꽤 예쁘다고 생각되었다.

옥녀의 이야기와 함께 지리산이 있는 사량도는 아름다운 인상으로 나에게 남아 있다. 지금도 사량도를 생각할 때면 칠현봉 밑에 너무도 잔잔하여 강 같다는 동강洞江의 쪽빛 물결, 진촌리 작은 포구의 그림 같은 풍경, 산등성이에 누워 있던 순결한 옥녀봉, 산에서 나던 휘파람새 소리와 순박한 사람들이 생각난다.

청량산과 이퇴계

 봉화 청량산, 의도하지 않았는데도 기대 이상의 것을 받는 순간 세상이 얼마나 멋들어지게 보이는지 겪어보지 않고서는 아무도 모를 일이다.
 청량산은 경상북도 명호면과 안동시 일대에 걸쳐있는 도립공원이다. 해발 870m로 그리 높지는 않으나 걸을수록 감탄이 흘러나오는 산이어서 지금까지도 눈앞에 생생하게 바위산이 펼쳐진다.
 청량산이라는 이름에 걸맞게 푸른 기개가 가득한 곳, 통일 신라 때 명필 김생, 그리고 대학자 최치원이 공부했던 곳이고 조선시대에는 이퇴계가 청량산에서 학문의 기초를 닦았다고 한다. 역사에 남은 그들의 발자취를 더듬어 가며 주의 깊게 둘러보았다.

청량산은 겉에서 언뜻 보면 부드러워 보이지만 속으로 들어가면 암산이다. 그래서 퇴계의 학문을 청량산에 빗대어 말하기도 한다.

가파른 산길을 20분쯤 올라 산모퉁이를 돌아서자 고려 말 노국공주가 기도했다는 응진전이 나타난다. 공민왕은 정략결혼에 의해 원나라 노국공주와 결혼했다. 공주는 고려인을 자처하며 공민왕을 진심으로 도와 고려인들의 사랑을 받았다. 단지 한 가지 걱정은 결혼 후 팔 년이 지나도록 아기가 안 생긴다는 것이었다. 왕은 중신들의 간청을 못 이겨 후궁을 얻게 된다.

공민왕과 노국공주는 홍건적의 침입 때 개경에서 피난 와서 석 달 정도를 안동에서 지냈다. 그때 공주는 응진전에 와서 기도를 드렸다 한다. 개경으로 돌아간 뒤 공주는 임신을 하나 난산 끝에 숨지고 공민왕은 그리움의 병을 얻어 굴절된 만년을 보내게 된다. 응진전의 16나한상 중에는 노국공주를 닮은 것이 있다고 한다.

봉화에서는 지금도 공민왕과 공주를 위해 동제를 지내는 곳이 많다. 금탑봉 중간 절벽 아래에 있는 이 응진전은 소박하지만 전망이 좋으며 한때 원효대사도 머물렀다고 한다.

이중환은 《택리지》에서 이곳 청량의 비경을 "밖에서 바라보면 흙 묏부리 두어 송이뿐이나 강 건너 골 안에 들어서면 사면에 석벽이 둘러있고 만 길이나 높으며 험하고 기이한 것이 이루 형용할 수가 없다."라고 했다.

청량은 여섯 봉우리 외산과 여섯 봉우리 내산으로 나뉘어 있다. 가파른 협곡이 여섯 봉우리 아래 펼쳐지고 기암과 노송이 어우러져서 일대 장관을 이루고 있다. 이 절경을 보고 있으려니 여기에 온 것이 정말 잘한 일이라는 생각이 들었다. 퇴계는 이 전경을 두고 "청량산 6.6봉을 아는 이 나와 흰 기러기뿐, 어부가 알까 하노라."라고 읊었다.

퇴계의 〈청량산가〉에 나오는 6.6봉은 주봉인 장인봉을 비롯하여 외장인봉, 선학봉, 자란봉, 자소봉, 탁필봉, 연적봉, 향로봉, 경일봉, 금탑봉, 축융봉 등 바위병풍마냥 둘러쳐 있다.

또 명필 김생이 서도를 닦았다는 김생굴을 포함하여 원효굴, 의상굴, 방야굴, 방장굴, 고운굴, 감생굴 등 8개의 굴이 있다. 청량산에서 오솔길을 내려오니 오산당이 있다. 퇴계가 은거하며 도산십이곡을 지었고 성리학의 체계를 다듬은 곳이라고 한다. 오산당 옆에 초막이 있는데 원로 산악인 이대실 씨가 아홉 가지 약초를 달여 낸 구청차를 사람들에게 대접한다. 구청차를 공짜로 주고 하모니카도 불고 대금도 부는 그는 험한 산비탈을 오르다 조난당한 이를 구하는 등 청량산에 청량제와 같은 존재이다.

다시 오산당을 나와 청량사로 향한다. 청량사 본전 격인 유리보전에는 종이로 만든 부처님이 있다. 이를 지불紙佛이라 한다. 절을 처음 세울 때 뿔이 셋 난 큰 소가 이곳에서 비탈을 고르고 불사가 끝나자 이 자리에서 죽어 묻혔다는 전설이 있고, 고려 공민왕이 직접 현판을 쓴 유리보전 아래 범종루가 있다.

이렇게 원효대사가 세운 청량사를 비롯한 절터와 암자, 관창폭포 등 수많은 볼거리가 있어서일까, 퇴계선생이 도산서당을 지을 때 이곳 청량사와 현재의 도산서원 간의 두 곳을 놓고 망설였을 만큼 청량산을 사랑하고 아꼈다고 한다. 그뿐만 아니라 원효, 의상, 김생, 최치원 등의 명사가 수도했던 이야기가 곳곳에 남아 있다.

청량사에서 응진전으로 가는 길목의 어풍대에서 바라본 산과 절집은 참으로 아름다운 조화를 이루고 있다. 여기에 서서 바라보면 산은 연꽃이고 절터는 꽃술이라고 했던가.

청량산은 명필, 명문, 석학과 관계가 깊다. 또 최치원의 유적지인 고운대와 독서당이 있다. 그러나 최치원이 마시고 머리가 맑아졌다는 총명수는 이제 맑은 물이 아니다. 또 명필 김생이 공부하던 김생굴엔 9년 공부한 후 하산하던 그에게 부족함을 일깨워 줘 십 년을 채우게 했던 청량봉녀의 전설이 전한다. 그가 쓴 불경 40여 권은 청량산 연대사의 불당에 보존되다가 애석하게 없어지고 말았다.

퇴계 이황은 청량산과 가까운 곳에 살았고 자주 청량산을 오르내렸다. 스스로 호를 청량산인이라 짓고 이 산에 머물며 후학을 가르쳤다고 한다. 그 이름이 좋아서 나도 꼭 한번 와 보고 싶었던 곳이다. 깊은 인상은 준 이 산의 매력에서 나는 오래오래 벗어나지 못할 것 같다.

청량사에서 빼놓을 수 없는 경치는 발아래 산을 돌아 흐르는 낙동강이다. 맑은 물길이 영주와 안동을 잇는 길을 따라 흐른다.

청량사의 주봉인 의상봉 정상에서는 이 강물이 멀리 남쪽 벌판으로 아련히 흐르는 모습을 볼 수 있다고 안내자는 말한다.

태백산 황지 연못에서 시작된 낙동강은 그 맑은 물줄기를 봉화 땅에 적신다. 세계적 희귀종인 열목어가 서식하고 전국 최대의 송이버섯 주산지이며 금강소나무가 자라는 곳, 그곳이 바로 우리의 숨겨진 낙원이다.

수평선과 구름기둥

　　남태평양 아름다운 섬. 야자수가 이국적으로 줄지어 선 괌에 왔다. 이 섬은 하늘이 넓고 가리는 것 없이 시야가 툭 터져서 마음속까지도 시원한 곳이다. 여기서는 또 어떤 색다른 풍물을 만날 것인가, 호기심이 가득했다.

　다음 날 아침, 호텔을 나서는데 날씨가 흐리다. 그런데 약 1km 앞에 회색빛 구름기둥이 하늘까지 닿아서 빙글빙글 돌고 있었다.

　거대한 회색기둥을 경이로운 마음으로 보고 있노라니 문득 출애굽기의 구름기둥이 생각난다. 영도자 모세가 이끄는 대로 약속의 땅 가나안을 향해 가는 길에 낮에는 구름기둥, 밤에는 불기둥으로 이스라엘 민족을 안내했다는 구약성경 속에 들어와 그 일원이 된 듯했다. 하나님이 주신 만나와 메추라기를 먹으며 따라가는 장면이 떠올랐다.

얼마 지나지 않아 비가 갑자기 쏟아진다. 스콜이라고 했다. 스콜은 초목에 샤워를 시키듯 자주 내리는 비라서 금세 그쳤다. 주위는 산뜻하게 개어 산의 나무들을 부쩍부쩍 자라게 한다.

순한 원주민과 마젤란의 발자취에 대해 생각에 잠겨 있는데 어느새 하늘은 맑게 개었다. 조금 전 지나쳐 온 초등학교가 있는 마을에는 구름기둥이 아직도 머물고 있어 아직 지금 비가 내리고 있다는 것을 짐작하게 한다.

이곳 사람들은 비를 뚫고 갈 수도 있지만 피해서 둘러 갈 수도 있다고 말해준다. 그것은 인생살이도 마찬가지인 것이다. 정면 돌파하는 사람도 있고 우회하는 사람도 있을 것이다.

원주민인 차모로 족의 토속마을, 학교, 교회, 자연방파제를 거쳐 걷는 동안 온통 꽃으로 꾸민 묘지를 보았다. 지금이라도 곤한 몸 누워 쉬고 싶을 만큼 정겹고 아름다운 묘지였다. 차모로 테마파크에는 고대 괌 지도와 차모로 족이 옛날에 사용했던 도구들이 있었다. 정글 속으로 들어가 탈로폭포와 요코이 동굴에도 가 보았다.

태평양 전쟁 때 일본군 병장이었던 요코이가 정글에 숨어들어

28년간이나 도피생활 했던 곳이라 한다. 어떻게 그리 오랜 세월 외톨이로 숨어살 수 있었을까? 상상하기 어렵다.

스타샌드 해변은 별·모래·해변으로 유명한 곳이다. 에메랄드빛 바다를 하염없이 서서 들여다보았다. 일행들은 사랑의 절벽으로 가고 있었다. 스페인어로 "푼 탄 도스 아만테스"라는 사랑의 절벽은 113m 높이에 있다.

아름다운 차모로 처녀는 사랑하는 청년이 있었다. 부모가 강압적으로 권력을 가진 스페인 장교와 강제 결혼을 시키려고 하자, 두 연인은 몰래 섬을 빠져 나갔다. 그러나 뒤쫓아 잡으러 오는 사람들에게 몰리게 되자 절벽에 이르러 머리를 한데 묶고 바다로 몸을 던졌다.

애틋한 사랑의 이야기가 있는 이 절벽 위에는 여러 쌍의 신혼부부들이 새로운 언약을 다짐하는 자리가 되었다.

사랑의 종을 치고 내려오는데 샬라라 의상을 입은 관광객이 신나게 춤을 춘다.

끝없는 바다. 뉘엿뉘엿 지는 황혼의 시간에 섬은 복잡함에 찌든 우리를 무장해제시키고, 잊지 못할 황혼의 아름다움을 가득 담아주었다.

밀야츠 강은 말없이 흐르고

      봄기운이 한창인 이곳 보스니아 수도 사라예보에는 꽃향기가 진동하고 있었다.
  사라예보는 우리나라 사람들에게도 탁구의 이에리사와 정현숙으로 이미 알려진 곳이다. 게다가 이곳은 발칸에서 가장 동양적인 도시이고 모슬림이 태반인 유럽 속의 모슬림 나라이다. 이상하게도 이 도시는 전에 한 번 와봤던 것처럼 친근했다.
  비극의 현장 라틴다리는 세계대전의 도화선이 된 곳인데 내가 지금 여기 와 있다는 사실이 꿈만 같다. 매스컴을 통해서나 보았고 책에서나 읽어 알았던 곳이다.

주변에 있는 어떤 빌딩은 건물 한쪽이 떨어져 나간 채 그때의 상처를 그대로 내보이고 있어서 격전지가 되었던 당시를 미루어 볼 수 있게 한다.

1798년 건설된 라틴다리는 작고 평범했는데 당시에 명물로 애용되다가 세르비아계 민족주의자인 가브리엘로 프란시스가 1914년 6월 28일 라틴 다리를 지나던 오스트리아 재위 계승 예정자 프란츠 페르디난드 왕자 부부를 권총으로 암살하자 오스트리아와 헝가리 사이에 전쟁을 야기했고 합스부르크 왕조 해체와 1차 세계대전으로 비화했다고 한다. 다리 옆에 있는 박물관에는 당시의 퇴색된 사진과 신문 등을 외벽에 전시하고 있었다.

오스트리아는 점령하고 있던 보스니아와 체르체코비아를 합치게 된다. 본래 이 땅은 슬라브 민족이 많이 살고 있었고 세르비아가 이 땅을 노리고 있었는데 합병하자 세르비아는 오스트리아를 못마땅하게 생각했다. 바로 그때 가장 오스트리아에서 인기 있는 황태자 부부가 점령지인 이 땅을 방문한다는 뉴스가 들려왔다.

세르비아 민족청년당원들은 황태자를 암살하려는 계획을 세우고 준비하고 있었으나 많은 군중들로 인해 계획이 수포로 돌아가게 되었는데 황태자 부부가 다리를 건너 뮤지엄 쪽으로 오자 그 앞에 있던 가브리엘로가 쏜 총에 맞아 그 자리에서 즉사하였다고 한다.

이에 오스트리아는 바로 세르비아를 침공했다. 그 때 오스트리아는 이탈리아, 독일과 헝가리 제국과 동맹관계였고 프랑스를 고립시키려는 계획을 갖고 있었다.

프랑스는 러시아와 동맹관계였는데 세르비아는 러시아에 구원을 요청하였다.

러시아가 세르비아 편을 들면서 전쟁은 커지고 이탈리아는 동맹국인 독일을 저버리고 연합군 편에 서게 된다. 결국 많은 희생과 피비린내를 남기고 전쟁은 미국의 연합국 참전 승리로 끝나게 되었다.

수천만 명의 목숨이 그 대가로 희생되었다. 세르비아 민족청년들은 열혈당원이었다고 한다. 이 당원 중에서 복역 후 나중에 소설가 《드리나 강의 다리》로 노벨문학상을 받은 이드 안드라비치도 있었다.

여러 단편들로 구성된 이 책은 주인공이 수많은 사람들의 사연을 듣고, 역사를 만들어가는 세르비아계 민족정서를 잘 나타낸 작품으로 평가받는다. 가장 민족적인 것이 가장 세계적인 것이라는 말이 여기서도 통한다.

테러의 주인공 가브리엘로는 전쟁을 촉발한 원흉이라고 말하는 사람들이 있는 반면에 건국을 이끈 영웅이라는 상반된 평가를 받았다. 그것은 종전 뒤 그의 꿈대로 유고슬라비아 왕국이 들어

섰기 때문이다. 그는 20년 징역형을 받았는데 1918년 폐결핵으로 사망했다.

암살 현장에 나무기념비만 달랑 있고 영어로 "평화가 온 누리에 퍼지기를" 문구가 새겨져 있다. 평화가 얼마나 값진 것인가를 말해주고 있었다.

도심지를 관통하는 밀야츠 강은 말없이 흐르고 그날 총성이 울려 내전을 예고한 지 100년이 지났는데도 세계에서 이곳을 보려고 많은 사람들이 모여든다.

여기서는 보스니아어와 세르비아어 이중언어가 통역 없이 서로 통한다.

이곳 사람들은 이목구비가 뚜렷하고 젊은 여자들은 죽죽 뻗은 각선미와 날씬한 몸매, 그리고 선글라스를 걸친 모습이 자연스럽고 멋지다.

공원이 있고 유모차에 애기를 태운 채 밝은 햇살 아래 사람들은 행복한 표정이었다. 그 나라는 군데군데 전쟁의 상흔을 남겨두자는 뜻으로 지금까지 부서진 건물의 잔해가 사람들이 보고 긴장하게 하는 유일한 상처로 남아 있었다.

부서진 건물만 아니었다면 여행객들은 라틴다리를 실감하지 않을 수도 있다. 어떤 의미에서는 부서진 건물들이 이곳에서 전쟁이 다시 있게 해서는 안 된다는 외침이 아닐까.

작게 흐르는 아카펠라(무반주음악), 동상 위로 나는 비둘기는 다문화가정을 뜻한다고 한다. 다리에서 골목을 따라 돌면 사방 반경 20m 안에 세계의 4대 종교 즉 유대교, 이슬람교, 가톨릭교, 개신교가 공존하고 있다고 한다. 더구나 이곳은 유럽의 예루살렘이라고 하지 않던가!

한곳에는 모슬렘사원, 그 옆에는 유대인 회당, 그 너머에는 성당의 종탑이 있었다. 그러나 그 근처에 있을 교회는 보이지 않았다. 그 주변에 교회가 있을 텐데 하며 찾고 있노라니 좁은 골목으로 이어진 구시가지에 은과 구리로 세공하는 세공업소가 많이 있었다.

구리로 만든 주전자가 눈에 띄었지만 그냥 지나쳤다. 내가 찾고 있는 교회는 어디에 있는 것일까? 다음에는 은 세공업소가 갖가지 아름다운 장식품들을 만들어서 전시하고 있기에 거기서 마음에 드는 보석함 하나를 샀다.

어디서 들었던가. 여행 다니면서 마음에 드는 것이 있으면 바로 낚아채라고, 지나고 나면 어디론가 사라져 버린다고.

여럿이 흩어졌던 갈림길이 한곳으로 모이는 곳에 넓은 광장이 있었고 그 중간에 분수대가 있었다. 분수대보다는 음수대라고 하는 것이 더 정확할 것이다. 뛰어놀던 아이들이 와서 물을 마시고 있는 모습이 보였다.

분수대 주위에는 수많은 비둘기들이 던져주는 모이에 따라 날아오르고 있었다. 평화스러운 모습이었다.

성 프란치스코를 만나러
아시시행 기차를 타고

중학교 때 〈평화의 기도〉라는 시에 감명 받았고 이 시를 쓴 성 프란치스코는 내 마음에 깊이 각인되어 있었다. 기회가 된다면 이탈리아 중부 지방에 있는 아시시를 가보고 싶었다. 아시시는 그의 축복을 받은 도시라고 한다. 사방에 꽃들이 피어나는 봄날, 나는 이태리에 도착해서 아시시행 기차를 탔다.

마침내 성 프란치스코와 조우하게 되는구나! 그의 겸허한 사랑과 빈 마음, 그리고 평화를 추구하는 정신을 생각만 해도 가슴이 뛰었다. 나는 어렸을 때 내 책상 위에 그의 시를 써 붙이고 자주 읽었다.

> 나를 평화의 도구로 써 주소서/ 미움이 있는 곳에 사랑을/ 상처가 있는 곳에 용서를/ 분열이 있는 곳에 일치를/ 의심이 있는 곳에 믿음을/ 절망이 있는 곳에 희망을/ 어둠이 있는 곳에 빛을/ 슬픔이 있는 곳에 기쁨을/ 용서함으로써 용서받으며/
> 위로받기보다는 위로하게 하시고/ 이해하기보다는 이해하게 하시고/ 사랑받기보다는 사랑하게 하소서/ 자기를 온전히 줌으로써 영생을 얻기 때문이니/ 오, 주여 나를 평화의 도구로 삼으소서……
>
>   - 〈prayer of St. Francis〉

당시 성서는 라틴어로만 되어 있어서 서민들은 읽을 수 없었다. 그런데 그는 이 기도문을 아시시 지방의 방언으로 써서 모든 사람들이 읽게 했다고 한다. 아시시 사람들은 얼마나 큰 위로를 받았을까.

기차가 도착하자 멀리 있는 높다란 언덕 위에 성 프란치스코 대성당이 보였다. 멀리서 보기에도 품위 있고 깨끗했다. 830년 전에 태어나 불과 44년 이 세상에 살다 갔지만 그는 누구보다도 풍부한 영성과 영향력으로 전세계인들의 마음을 울리고 있다.

프란치스코는 젊은 날 전쟁에 참여하게 되었다. 일 년 간 포로 생활을 한 후 긴 회복기를 거치는 동안 처음으로 영적 위기를 맞는다. 뻬루지아와의 전쟁에서 살육에 처절하게 몸서리친 그는 전쟁에서 돌아와 아버지 몰래 집안의 돈과 물건들을 가난한 이들에게 모두 나누어 주었다.

아버지가 크게 노해 아들을 대주교에게 고발했다. 군중 앞에서 프란치스코는 입고 있던 속옷까지 모두 벗고 그가 가진 모든 것과 받을 유산까지 아버지께 돌려드리고 집을 떠났다. 그가 벗은 것은 옷이 아니라 그의 소유였다. 그는 변화되어 마침내는 가난한 삶으로의 귀의를 통해, 심지어는 나병환자의 상처에 입 맞추기 위해 고개를 숙였다고 한다. 그는 이렇게 세상에서 가장 낮은 곳에 자신을 두었던 것이다.

그는 자기가 죄인이라 여기면서 변화되어 갔다. 이러한 그의 노력은 당시의 어떤 개혁가들보다 민중을 감동시켰고 짧은 동안 그가 이룩한 정신적 영향은 사회 각층으로 침투되어 예수 그리스도에 의해 이미 선포된 복음을 재인식하는 계기가 되었다.

그의 따라갈 수 없는 삶을 배우기 위해 오늘도 사람들은 높다란 언덕을 오르며 성인이 이룩한 평화의 메시지를 듣기 원한다.

유럽의 전형적인 맑은 날씨와 정원에 핀 탐스러운 장미는 아름다웠다. 참 이상한 일이다. 이 소박한 장미원을 보기 전부터 나는 왜 성 프란치스코를 생각할 때마다 그의 장미밭을 떠올렸는지 모를 일이다.

　대성당 안에는 성 프란치스코의 유품이 있었는데 숨 거둘 때 둘렀던 수도복 허리띠가 유리병에 담겨 있고 또 그의 누더기같이 기운 수도복도 전시되어 있었다. 진실한 무소유의 증명이었다. 그는 가난한 마음으로 하늘까지 닿고자 했던 것이다.

　성 프란치스코는 늑대와 들짐승, 새들에게 설교를 하고 그들과 대화를 했다고 한다. 아마도 하나님의 창조물을 보는 눈이 남달랐을 것 같다. 그는 오랜 수도 끝에 원죄 이전의 인간, 에덴동산의 아담 때로 돌아갔는지도 모른다.

　지하성당에 성인의 유해가 담긴 석관이 있었다. 그는 13세기까지 죄수들의 교수형이 집행되었던 죽음의 언덕에 자신을 묻어 달라고 유언했다. 죽음까지도 철저히 예수를 닮기 원했다. 그가 그 자리에 묻히고 나중에 그 위로 성 프란치스코 대성당이 지어졌다. 그래서 지하성당 위에 대성당이 있는 것이다. 성당 위에 지은 또 하나의 대성당이 있다니 그것도 내게는 처음 보는 일이었.

　그 뒤 이태리의 이름난 화가들은 다투어 그의 일대기를 그림으로 남겼다.

　〈새들에게 설교하는 프란치스코〉, 〈교회의 꿈〉, 〈소명의 순간〉 등 유명한 그림을 감상하였다. 97년 대지진 때 그림도 큰 손상을 입었는데 일부 프레스코화는 아직도 복원 중이라고 하였다.

그가 소천하기 이 년 전, 40일 간의 금식 기도 끝에 동굴에서 기도하던 프란치스코 몸에는 오상五傷이 나타났다고 한다. 십자가에 못 박힌 예수의 다섯 상처, 두 손 두 발, 그리고 창에 찔린 옆구리 상처가 뚜렷이 그의 몸에도 보였다. 전시장 안에 그림으로 그려 넣고 자세하게 설명하고 있었다. 이것을 스티그마타(성흔聖痕)라고 한다. 어떻게 이런 일이 가능한 것인가? 놀라운 마음으로 반신반의하다 돌아서는데 사람들이 성스럽게 두 손 모으고 간절히 기도하는 모습이 보였다.

성스러운 그림들과 성인의 족적을 느끼며 골목으로 나오니 기념품 가게가 죽 늘어서 있었다. 이 도시는 완전히 성 프란치스코를 기념하는 도시였다. 한참을 걸어가도 끝날 것 같지 않은 가게들을 기웃거리며 느릿느릿 언덕을 내려왔다. 인간으로 살면서 그와 같이 모든 것을 비운다는 것은 참으로 불가능한 것이구나…….

나는 가만히 성 프란치스코의 기도문을 입 속으로 외어 보았다. 내가 알고 있던 기도문과 여기 와서 다시 읽는 기도문은 확실히 달랐다.

나는 오늘의 기억을 오래 남기기 위해 기념품 가게에서 〈새들에게 설교하는 프란치스코〉 복사본을 샀다. 여기서 장사하는 사람들까지도 모두 성인의 감화를 받은 것일까? 조용한 그들의 얼굴에는 미소가 흐르고 있었다.

 중세 유럽 가톨릭의 거목으로, 누구나가 흠모하는 성인으로 살아온 그의 발자취를 따라간 오늘은 내 생애를 통하여 두고두고 음미해야 할 감격스러운 시간이었다.

내 가슴에 기름을 채워

　　　　　나는 등잔을 좋아한다. 등잔은 어둠을 밝히고 빛을 준다는 점에서도 좋고 우리 삶에 따뜻한 정감을 주는 물건이기 때문이다. 특히 외국에 갔을 때 이국적인 등잔을 보면 사고 싶어진다. 그리고 오래 두고 들여다본다.
　그 날 오후 나는 모처럼 시간을 내어 등잔박물관을 가보기로 하였다. 등잔 박물관은 경기도 외곽에 있는 테마 박물관 중 하나로 소개되었기에 언젠가 한번 꼭 가보리라 생각하던 곳이었다.
　시대가 변함에 따라 등잔도 그 디자인이나 재료 등에서 변화를 가져왔고, 신석기 시대부터 시작하여 우리 생활에 전기가 들어오기 전까지 어둠을 밝혀 주었다는 의미에서 나에게 흥미로운 곳이다. 어둠을 밝힌다는 것은 인간에게 있어서, 아니 특별히 야행성인 내 경우에 밤에도 깨어 있을 수 있게 만든다는 점에서 고마운 일이다. 게다가 용인 모현면 능원리에 위치하고 있어서 분당에서도 가까웠다.

등잔 박물관은 수원 화성의 성곽 이미지를 따서 지었다고 한다. 회백색 건물이 마치 횃불이나 등대처럼 보였다. 800여 평의 야외전시장엔 자연석과 여러 종류의 나무들, 연못이 어우러져 가을 오후의 햇살을 받아 고즈넉했다. 마당에 모여 있는 쌍을 이룬 맷돌은 얼마나 아름답게 놓였는지 마치 설치미술가의 솜씨 같았다. 여기서는 돌확 또는 돌절구까지 분위기에 맞게 정겨움을 연출하고 있었다.

전시실 안은 1, 2층은 전시 공간, 지하는 세미나실, 각종 공연을 위한 휴식공간으로 꾸며져 있었다. 생활 속의 등잔 코너에는 그 시대의 민속품들과 부엌, 찬방, 사랑방, 안방 순으로 꾸며져 있었다. 삼국시대의 토기 등잔도 드물게 남았다고 한다.

박물관 설립은 산부인과 의사였던 김동휘 씨가 50년이라는 오랜 세월에 걸쳐 만든 것인데 어릴 적 어머니가 등잔 밑에서 바느질하던 그 모습을 그리워하다가 등잔을 모으게 되었다고 했다.

관솔불, 횃불, 촛불, 등잔불, 토기등잔, 괘등, 좌등, 도기등잔,

청동등잔, 철제등잔, 유기등잔, 목등잔 등 사용된 순서별로 잘 진열되어 있었다.

이 땅에 전기가 들어오기 전까지의 조명의 역사, 등기구의 역사를 한눈에 알아보기 쉽게 진열해 놓았다. 불빛 아늑한 구석에 소박해 보이는 정겨운 부엌, 찬방의 모습, 화로에 꽂혀있는 인두와 다듬잇돌 등 옛날 세간까지 함께 놓고 방을 꾸몄다.

건너편 사랑방에는 빛바랜 병풍이 둘러쳐져 있고 백자가 놓인 장식장도 은근하였다. 방 가운데 은촛대 하나, 무쇠 바탕에 은실을 박아 만든 것으로 촛대기둥 위에 달린 육각형 불막이 판에는 기쁠 희囍 모양이 새겨져 있었다. 사대부 집안 사랑채에서 사용하던 것이라 한다, 병풍이며 세간도 멋스럽지만 그 가운데 놓인 이 촛대가 한결 멋을 더해 주었다.

관람객도 없는 박물관에서 나는 팔십을 넘긴 김동휘 관장을 만났다. 유물에 대한 설명 표지판이 미흡하여 좀 더 자세히 설명해 주는 것이 좋지 않겠느냐는 물음에 그는 손을 저으며 말했다.

"이곳은 보고 생각하는 박물관입니다. 몇 줄 설명을 읽는 것으로 끝나지 말고 유물을 보고 생각하고 느끼라는 겁니다. 설명을 붙여주면 오히려 생각에 방해가 돼요. 별다른 설명 없어도 그저 보면 알 수 있게, 저마다 상상할 수 있게 해 주는 것이 좋아요. 그래서 이렇게 등잔과 함께 있었을 옛 세간들을 놓아서 방을 꾸몄어요."
 확고한 신념이 있는 그의 설명을 들으며 나는 감동을 받았다. 그와 이런 저런 얘기를 나누던 나는 조명으로서의 불, 난방으로서의 불이 발달된 과정을 보고 밖으로 나왔다.
 가을 해는 설핏 지고 있었다. 그는 쓸쓸히 말했다.
 "평생 이 일을 위해 매달려 왔지만 지금은 걱정이 돼요. 이것을 누가 이어갈까 하는 생각에……."
 "자녀분들이 없으세요?"
 "있지요. 그런데 매달 유지비가 들어가야 하니 누가 맡으려고 해야지요."
 입구에 다다르자 마당에 서 있는 장승이 보였다. 그 장승은 마치 그의 어머니의 얼굴인 듯 보였다. 보일 듯 말 듯한 미소를 머금고 있었다.
 가난에 찌든 어머니, 등잔불 밑에서 바느질하던 우리의 어머니 모습이었다.
 그와 인사를 나누고 집으로 돌아오는 내 가슴은 무거웠다.

 그 박물관과 설립자를 만난 생각이 가슴에 남아 인터넷으로 가끔 검색하던 중, 올해부터는 경기도가 지원하는 테마 박물관이 되어 예약신청을 받는다는 기사를 보았다. 문화적 재능 개발 및

학습기회 제공을 위해 학생들의 체험학습장으로까지 활용되었으니 나도 걱정거리 하나가 없어진 듯 안심이 되었다.
　단체로 많은 학생들이 관람하고 일반 관광객까지도 몰려들 것이다. 나는 관람객으로 북적이는 등잔 박물관을 상상해 보며 흐뭇하다.
　내 마음의 비어있는 등잔에 기름이 채워진 것 같다.

■ 발문

'주황색' 꿈으로 타오르는 등잔
– 김행숙의 신작에세이집 ≪바다로 가는 길≫을 읽다

이향아
(시인·수필가·호남대 명예교수)

■ 발문

'주황색' 꿈으로 타오르는 등잔
- 김행숙의 첫 수필집 ≪바다로 가는 길≫을 읽다

1.

김행숙을 처음 만났던 것이 벌써 25년 가까이 된다.

그가 월간 ≪시문학≫으로 문단에 나온 것도 거의 비슷한 무렵이었다.

김행숙은 한국 문단의 중견시인으로 5권의 시집을 간행하는 등 적극적인 작품 활동을 지속해 오고 있다.

그러나 그는 수필에도 시 못지않은 관심과 애정을 가지고 있어서 가끔, "제 속에는 홍수처럼 범람하는 이야기들이 있어요." 하더니 어느 날 수필가가 되어 있었다.

그가 얼마 전 작품집을 내겠다고 말할 때, 나는 속으로 그의 수필집 발문을 쓸 일에 대하여 혼자 걱정하였다. 그 일은 당연히 내가 해야 할 일인 것처럼 생각하고 있었던 모양이다. 그리고 그가 한 뭉치의 원고를 내밀었을 때, 나는 하필 무슨 일로인지 정신없이 바빴지만 다른 일들을 다 밀쳐버리고 덥석 받아들었다.

원고를 읽으면서 나는 오랫동안 모르고 지나쳤던 김행숙의 새로운 면모를 발견하게 되었다. 짧지 않은 세월을 가까이서 보아 왔는데도 건성으로 이해하였고 많은 것을 간과하였음을 반성하지 않을 수 없다.

수필이 그만큼 구체적이고 확실하게, 정직하고도 투명하게 실상을 조영해 주는 고백문학이라는 것을 재확인하는 일이기도 하다.

김행숙의 수필을 읽다보면 그가 '무던한 사람'이며 '틀림없는 사람'이라는 것을 다시 알게 된다. 최선을 다하여 살고, 정성을 다하여 기록한 그의 글은 신실한 한 인간과 새롭게 조우할 수 있는 자리를 마련해 준다.

2.

수필문학의 발전을 위한 토론장에서는 종종, '수필에서의 픽션은 필요한가?', '수필에서의 픽션의 수위는 어디까지인가?'를 놓고 열띤 논의를 전개하기도 한다.

픽션의 불가함을 주장하는 측에서는, 픽션이 개입하면 수필문학의 특성으로 꼽고 있는 고백문학으로서의 가치가 훼손된다고 하고, 픽션이 가능하다는 측은 수필이 예술일진대 사실만의 기록으로는 완성될 수 없다고 강변한다.

나는 지금 어느 특정한 쪽에 손을 들려고 말을 꺼낸 것이 아니다.

김행숙의 글에는 픽션이 삽입되지 않았다는 것, 그는 일상의 잡다한 생활 속에서 끊임없이 문학의 불씨를 건져 올리고 거기 부지런히 점화의 기름을 붓고 있다는 사실을 전하려고 할 뿐이다.

그는 문장의 기교를 내세우지도 않고 현란한 표현의 효과에 얽매이지도 않는다. 나 또한 작품의 골격이나 문장의 구조, 문체의 조직과 전달 방법 등 형식적인 요소에 시선을 모으고 싶지 않다.

다섯 묶음으로 분류한 51편의 작품들을 훑어보면, 우리들의 삶(인생)에 기울이는 연민, 사람과 사람에 대한 그리움, 창조주 하나님과 자연풍광에 대한 예찬과 감사, 핏줄과 인연에 대한 아픔, 그리고 시간과 역사에 대한 사랑과 순종이라고 압축할 수 있겠다.

무엇을 기록하였든지 그는 사실을 과장하거나 축소하지 않았으며, 어느 한쪽으로 치우치지 않고 균형을 유지한 상태를 보인다. 간혹 표현의 과정에서 몰입하기 쉬운 감정의 충일 상태도 잘 다스리고 있어서 독자들의 마음을 편안하게 한다.

나는 문득 김행숙이 창작에 시선을 돌리지 않고 학문에 매진했더라도 그 나름의 큰 업적을 남겼으리라는 생각을 하였다. 그가 그만큼 침착하고 진지하여 신뢰감을 준다는 말이다. 사설이 너무 길어졌다. 직접 그의 글을 읽어보도록 하자.

> 한때〈아직은 마흔아홉〉이라는 드라마가 인기였다.
> 사십 대를 벗어나기 싫어서 모두들 〈아직은 마흔아홉〉을 삼 년간 버틴다고 했다. 아직은 마흔아홉, 만으로는 마흔아홉, 마음은 아직도 마흔아홉이라고 한다던가.
> 그러다가 오십 대에 들어서서 일이 년 지나면 느긋해진다. 그리고 오십 대야말로 은혜로운 나이인 것을 깨닫는다. 마음도 따라서 너그러워진다. (중략)
> 그러나 '바로 지금 나이'가 가장 좋은 나이라고 한다. 젊음은 상대적이므로 5년 후의 나보다 지금의 내가 훨씬 젊기 때문이다.
> 인간이 태어나서 죽음에 이르기까지의 과정, 그것을 우리는 지금 체험하고 있는 것이다. 몸과 마음이 눈에 안 띄게 늙어가면서 변화하는 경로가 발달과정이라면 늙음도 퇴보가 아닌 발달로 받아들이는 당당함이 있어야 하겠다.
> 은혜로운 나이 50대를 거쳐 축복의 나이 60대에 이르러서는 내

삶에 내려졌던 경이로운 일들을 하나하나 세어보고 싶다.
　나이야 70이든, 80이든 오늘 이 마음의 윤기를 오래도록 간직하고 싶다. 그리고 내게 주어진 삶의 마무리 단계를 예비하기 위해 어제보다 더 부지런해져야겠다. 끝까지 자신의 내면세계를 닦고 보수하는 일에 최선을 다해야 할 것이다. (중략)
　나이가 몇이냐 하는 것은 중요하지 않다. 사람의 영혼이 얼마나 깨어 있느냐에 따라 그 삶은 달라진다. 지긋한 나이에 이르면 겸허와 감사가 특징이 아닐까. 세상 앞에서 겸허해질 수 있는 마음가짐이야말로 젊은 사람들에서는 찾기 힘든 것이다.
　인생의 진정한 발달과정을 스스로에게 그리고 주위사람들에게 몸으로 보여주게 되기를 간절히 소망한다.
— 〈바로 지금 나이〉 중에서

　작자는 나이가 드는 것을 삶의 한 발달과정이라고 담담하게 정의하면서 당당하게 나이 들고 있다. '은혜로운 50대'와 '축복의 60대'로, 각 나이가 지닌 의미와 아름다움을 감사하게 받아들이고 있는 것이다.
　나이는 불가항력의 시간 경로. '바로 지금 나이'가 남은 생애에서 가장 젊은 나이이며 찬란한 나이임을 주장하는 한 노쇠로 인한 절망이나 우울에서 벗어날 수 있을 것이다. 그러나 김행숙은 거기 머물지 않고, 어제보다 더 근면할 것을 다짐한다. 지속적인 설계로 내면세계를 보수하고 부단히 전진하려는 몸짓을 보이는 것이다.

"젊음은 어쩔 수 없이 스러지고 여성인지 남성인지도 알아보기 어렵게 무디어지기 쉬운 때, 하나의 온전한 인간으로 바로 서서 이제는 아름다운 향기를 나누어야" 한다고 주장하는 것이 그것이다. 나이가 몇이냐 하는 것은 중요사항이 아니며, '영혼이 얼마나 깨어 있느냐에 따라 그 삶은 달라진다.'고 생각하는 그는 지금 인생의 지긋한 나이에 이르렀다.

젊은 사람들은 아직 깨닫지 못하는 겸허함과 감사함을 알고 있는 나이. 그는 사람의 가치와 삶의 가치를 스스로 일깨우면서 진정한 발달과정의 주인공으로서 살아갈 것을 다짐한다.

우리는 위의 글에서 김행숙의 심리적 안정과 평화를 읽을 수 있다. 그것은 삶을 긍정적으로 수용하는 자에게 내리는 선물일 것이다.

> 지금의 나에게 가장 중요한 것이 무엇인가? 세 아들과 가정, 그리고 나 스스로에게 해야 할 일들이 숙제로 남아 있었다. 가난을 벗기 위해 시작한 이 일이 나에게 큰 성취감을 준 것은 사실이다. 내 젊음과 정성을 쏟아온 일이니만큼 애착도 컸다.
> 나의 한쪽에서는 사업에 대한 끊임없는 승부욕이 불타고 있음도

숨길 수 없었다. 그러나 나는 일에 매달려 한 번뿐인 삶을 끝내고 싶지 않았다.

　－이 모든 일들이 종래에는 헛되고 헛된 것이라는 결론을 갖게 하리라. 그동안 일에 열중했던 것처럼 내가 진실로 만족할 수 있는 생활의 의미를 찾아보자.－

　나는 마침내 오 년 간의 사업정리 계획을 세우고 사업체를 축소시켜 나가기 시작했다. 후퇴하는 용기가 더욱 중요하다고 하지 않던가. 나는 시작할 때 못지않은 용기로 끝맺음을 해나갔다.

　나의 가장 빛나는 시절, 삼사십 대를 그렇게 보내고 나는 오십부터 다시 새 인생을 시작했다. 프로스트가 가지 않은 길에 대해서 노래한 것을 나는 몸소 겪어내며 살리라. 그래서 소박한 글을 쓰리라. 진실로 감사하면서 나 스스로를 사랑하면서, 내가 하고 싶은 일에 몰두하는 것은 얼마나 큰 축복인가!

　　　　　　－〈숲 속에 두 갈래 길이 있었습니다〉 중에서

　그는 젊은 시절 열정과 용기와 아이디어만 가지고 사업에 뛰어들었다. 제조 산업이 아직은 불모지였던 시절에 창업하여 인생에서 가장 빛나는 나이인 삼십대와 사십대를 보냈다. 그리고 이제는 기술도 숙련될 만큼 숙련되고 할 만한 단계에 이르렀으며, 관련 업계에서도 성실한 업체로 인정도 받았으니 기적 같은 성공을 거둔 것이다.

그러나 김행숙은 삶에서 가장 중요한 것이 무엇인가를 골똘하게 생각하였다. 한 번뿐인 삶을 이대로 끝낼 것인가, '이 모든 일들이 종래에는 헛되고 헛된 것이' 될 게 아닌가? 번민 끝에 결론을 내렸다. 일 때문에 미루었던, 그토록 하고 싶던 문학에 내 남은 열정을 쏟자. 그러면 삶의 진정한 의미를 찾을 수 있으리라. 그는 진실로 자신에게 가치 있고 보람된 일이 무엇인가를 깨달았던 것이다.

그리하여 사업의 성공이 정점에 이르렀을 때 프로스트의 〈가지 않은 길〉에 대한 미련을 버릴 수가 없어서 과감히 사업을 접고 문학에 뛰어 들었다. 빠져나갈 때는 뛰어들 때보다 훨씬 큰 용기가 필요했다. 어렵지만 지혜로운 전환이었고, 아무나 할 수 있는 일이 아닌 의미 있는 결단이었다.

하던 사업을 접을 수 있었던 것은 그에게 탐욕이 없었다는 증거이며, 삶의 참 의미가 무엇인지 알고 있다는 증거일 것이다.

그러나 그는 십여 년 전 갑작스러운 뇌졸중으로 쓰러졌었다. 모든 것을 일시에 잃은 듯한 암담함 속에서 회생한다는 것이 쉬운 일은 아니었을 것이다. 그러나 그는 깨어났다. 만일 가족의 헌신적인 보살핌과 본인의 꾸준한 의지가 없었다면 극복하기 어려웠을 것이다.

그래서 더욱 그렇겠지만 그의 수필 가운데 유난히 많은 단어가

'감사'와 '은총'이며 '행복'과 '겸허'이다. 그는 '감사'와 '은총'이 하나님으로부터 연유된 것이니 마땅히 하나님께로 돌려드려야 한다고 생각한다. 기적이라고밖에 다른 어떤 말로도 표현할 수 없는 세상 살아내기에 대한 신앙의 고백이 그의 작품 여기저기에서 특별한 광채를 발하고 있다.

3.

김행숙이 자주 언급하고 있는 행복이란 그다지 희귀한 것도 어려운 것도 아니며 엄청나게 큰 것도 아니다.

감사와 은총으로 바라보면 세상 도처에서 행복은 기다리고 있다. 대수롭지 않은 일상 속에서의 안도감도 행복이며, 흘러가는 하루하루의 순리들도 모두 행복이다. 행복 앞에서의 '감사'는 행복한 자가 바쳐야 하는 의무이며 '겸허'는 우리들로 하여금 수시로 행복을 실감하도록 조력하는 필수적 마음가짐이라고 여긴다.

나의 가정교사 생활은 친구들과의 자유로운 시간을 대폭 줄어들게 하고 도서실에서 공부할 수 있는 틈도 거의 빼앗아버렸습니다. 저녁 때 수업이 끝나면 바로 남산동으로 갔고 내 공부를 뒤로 미룬 채 중학교 교과과정을 훤히 꿰뚫고 있어야만 했습니다.

한 달에 한 번씩 집에 다니러 갈 때마다 어머니께 꼬박꼬박 사례로 받은 돈을 드렸습니다. 아버지께는 달리 표현할 방법이 없어서 어깨를 주물러드리는 것만이 내가 할 수 있는 일의 전부였습니다.

 아버지는 나를 위시한 많은 형제들 때문에 어깨가 무거울 것 같았습니다. 아버지의 어깨를 조금이라도 가뿐하게 해 드리고 싶었습니다. 아니, 내가 아버지 대신 짐을 져드리고 싶었습니다.

 이른 아침 집을 나서는데 저만치 아버지가 걸어가고 계셨습니다. 키가 큰 아버지는 멀리서 보아도 금방 알아볼 수 있었습니다.

 요즘 아버지는 새벽이면 집을 나갔다가 저녁 늦게야 집에 돌아오신다고 했습니다. 동분서주하고 있는 아버지가 나 때문에 고생하시는 것 같았습니다.

 관직에 계실 때만 해도 항상 관용차를 타고 다니셨는데 정류장에서 버스를 기다리는 아버지의 모습이 낯설게 보였습니다. 갑자기 아버지가 늙어버린 것 같기도 했습니다. 나는 종종걸음으로 아버지에게 다가갔습니다.

 "아버지, 합승을 타고 가셔요."

 나는 지폐 몇 장을 아버지의 손에 쥐어드리고 황급히 정류장을 지나쳐서 뛰듯이 걸어갔습니다. 나도 모르게 눈물이 나와 고개를 젖히는데 플라타너스 넓은 잎새 사이로 푸른 하늘이 보였습니다.
— 〈플라타너스 잎사귀 사이로〉 중에서

김행숙은 꽃과 나무와 숲을 사랑하고 별과 바다를 사랑한다.

그리고 자연에 못지않게 우리가 이끌고 가는 삶의 순간순간을, 그 삶을 가능하게 하는 하나님을 사랑한다. 그러면서도 그는 사람과 사람 사이의 일에 진실한 애긍의 마음을 쏟아내고 있다. 그만큼 사람들에 기울이는 글을 많이 썼다는 말이 된다.

이름도 없이 요절한 김만옥 시인(〈잊혀진 시인을 찾아서〉)의 흔적을 찾아 나서기도 하고, 지속적으로 민중과 서민의 삶을 표현했던 사진작가 최민식 씨의 예술과 삶에(〈테마는 사랑이었다〉) 적극적인 공감을 표현하기도 했다, 960번이나 도전한 끝에 운전면허증을 따낸, 이름만 알 뿐인 차사순 할머니(〈끝없는 도전〉)에게 박수를 보내고, 마을버스 안에서 모르는 여인이 전화하는 목소리를 들으면서도(〈천천히 오는 행복〉) 보통 사람들이 그날그날 누리는 무사와 안일을 동조하며 감사한다. 아파트의 같은 통로에 사는 영미엄마에게 경탄의 박수를 보내고(〈영미엄마의 리허설〉) 여행지에서 들렀던 여러 관광지와, 거기 남겨진 훌륭한 사람들의 흔적을 존귀하게 여기며, 문화를 창조한 위대한 선인들을 우러러 흠모한다.

특히 그는 약자를 일으켜 세우려고 한다. 김행숙의 인인애, 긍휼심, 잊히는 것에 대한 남다른 안타까움은 그가 타고난 천성적 휴머니즘의 발로일 것이다. 그리고 신앙심을 바탕에 둔 실천적 행위일 것이다.

사람들 중에서도 가장 가까운 혈족들, 숙명으로 얽힌 인연의 관계를 특별한 가슴으로 품는다는 것은 우리 모두의 공통점일 것이다. 김행숙 역시 어머니와 아버지, 남편과 자식, 오래전에 고국을 떠난 친척들, 태어나지 않은 딸에게까지, 절절한 사랑과 아픔을 쏟고 있다. 위에 예시한 〈플라타너스 잎사귀 사이로〉는 아버지에 대한 추억이다.

평생을 공직에 근무하다가 처음 손을 댄 사업에 실패하자 아버지는 갑자기 추레해진다. 전에는 언제나 관용차를 타고 출퇴근했지만 버스정류장에 서있는 아버지의 모습은 낯설 만큼 초라하고 갑자기 늙어버린 것 같았다.

그는 아버지에게 다가가서 가정교사로 받은 지폐 몇 장을 가만히 손에 쥐어 드린다. "합승 타고 가세요." 말하고 돌아설 때 눈물이 나와 고개를 젖혔다. 문득 시선이 닿은 하늘, "플라타너스 넓은 잎새 사이로 푸른 하늘이 보였"다. 겉으로 내보이지 않지만 속이 깊은 딸의 모습을 보여주고 있다.

그는 요양원에 계신 어머니를 만나고 돌아올 때마다 다시는 못볼 것처럼 오래오래 손을 흔들던 어머니(〈오래오래 흔드는 손〉)의 영상을 잊지 못한다. 그가 어머니와 함께 동요를 부르고 발을 씻겨드리면서 자기 때문에 속상했던 일을 용서해 달라(〈어머니, 우리 노래불러요〉)고 사죄하였을 때, 아무 말 없이 멍하니 건너다보던 어머니의 눈길을 가슴 속 깊이 간직하고 있다. 사람을 사랑하는 일 중

가장 기본적인 것이 혈족애라는 것을 작자는 조용히 웅변하는 것 같다.

주황은 밝음의 색, 희망의 색이며 다툼이나 분쟁이 없는 상생의 색이다. 인도의 승려들이 주황색 승복은 입는 것도 그것이 지혜를 상징하는 색이기 때문이란다.

주황은 빨강의 격렬함과 노랑의 즐거움이 혼합된 색이다. 빨강의 화려함으로 강한 에너지를, 노랑의 따스함으로 안정되고 평화로운 느낌을 준다.

마티스는 행복한 낙원을 그릴 때 주황색을 즐겨 썼다고 한다. 주황은 따스한 행복감을 주며 마음을 치유하는 효과를 주는 색이다. 주황색을 좋아하는 사람은 재치가 있으며 친절한 미소로 유창한 언어능력을 발휘할 줄 안다고 한다.

주황은 술 한 잔에 흥겨워서 콧노래를 부르는 주신酒神 디오니소스의 색이기도 하다. 그러므로 즐거움의 색인 동시에 행복의 색이라고 할 수 있다.

색채학자 비랜은 주황색을 일컬어 즐겁고 생동감이 있으며 에너지가 넘치는 활력의 색이라고 했다. 우울증을 앓고 있는 이에게 당근 주스를 권하면 좋다고 하는 것도 단지 영양분 때문만은 아닌 것이다. 끝도 없이 너른 밭에서 당근을 채취하는 풍경은 보기에도 아름답다.

검은 흙 사이로 붉은 당근이 뽑혀 나올 때 그 싱그러움을 어떻게 말하랴.
 울타리에 줄줄이 핀 능소화의 이국적인 탐스러움도 빼놓을 수 없다.

— 〈내 꿈은 주황색〉 중에서

 김행숙은 화려한 색채를 좋아한다. 그는 포도주 색깔을 좋아하고 신록의 푸름도 좋아하지만 화려함의 대표주자로 내세워진 것은 주황색이다. 아마 등잔을 좋아하는 것도 주황색 불꽃을 피워 올리기 때문이 아닐까. 위의 글은 마치 작자 자신의 정신세계를 표현하고 있는 것 같다.
 작자가 열거한 언어를 따라가 보면 지상의 모든 광채와 희망 행복한 웃음소리가 '주황'이라는 중심점을 향하여 모여들고 있다. 하지만 주황이라고 하여 사람들마다 긍정적 해석을 내리는 것은 아니다.
 같은 주황인데도 저녁노을의 절규나 피울음을 연상하여 비통해하는 시인도 있고, 빨강도 아니고 노랑도 아닌 그 어중간하고 아쉬운 미완을 부정적으로 바라보는 작가도 있다.
 그러나 김행숙은 주황을 **화목의 색**(다툼이나 분쟁이 없는 상생, 재치, 친절한 미소, 유창한 언어능력), **생명의 색**(생동감, 싱그러움, 에너지가 넘치는 활력, 치유의 효과), 그리고 **행복의 색**(마티스의 낙원의 색, 흥겨워 콧노래를 부르는 디오니소스의 색)이라고 정의하였다.

  김행숙 작품의 대다수는 이렇게 작가가 긍정적인 시선으로 포착한 사물들이다. 그가 발견한 소재들은 작가의 시선을 관류하면서 순화되고 치유되고 봉합이 된다. 그것이 구체적인 사물이든 추상적인 관념이든 현실적인 사건이든 흘러간 역사든 다르지 않다. 그러나 이것을 무조건의 낙관이라고 할 수는 없을 것이다.

  낙관은 분석과 고찰을 거친 논리적 해석이 아니다. 낙관 중에는 아전인수식의 맹목적 긍정도 적지 않다.

4.

  다음에 예시하는 작품 〈바다로 가는 길〉은 마치 김행숙의 인생론을 대변하고 은유한 것처럼 읽혀서 다소 긴 내용을 인용하였다.

> 내가 다른 사람에 비해 조금이라도 다른 것이 있다면, 그것은 바로 무모한 용기가 아닐까 합니다. 하루하루 넘기며 쌓이는 일거리에 주저앉아 있는 건 너무 답답한 일입니다. 나는 평소에 내가 하고 싶었던 일 중에서 쉬운 것부터 하기로 작정하였습니다. 그중의 하나가 배를 타고 바다로 가는 일이었습니다.

동해 바다는 탁 트인 수평선이 끝없이 펼쳐진 채 싱그러운 일출이 있어서 좋고 남해 바다는 옹기종기 아름다운 섬들이 그림같이 떠있어서 정겹습니다. 서해 바다는 생명의 창고인 개펄을 펼쳐놓은 채 그 위로 떨어지는 낙조가 환상적입니다. (중략)
　땅 위의 잡다한 것들로부터 떠나와 배를 타고 바다로 나가는 길은 언제나 가슴을 두근거리게 합니다. 낚시를 드리워도 고기 한 마리 잡히지 않을 때가 허다합니다. 그래도 어떻습니까. 갈매기의 날갯짓과 물결 위로 내려앉는 햇살, 짠내 나는 신선함이 가득한 망망대해, 나는 거기에서 절대자의 큰 손을 만나곤 합니다. 작고 작은 나의 존재를 깨닫는 순간이기도 하구요.
　물살을 가르며 달려가는 작은 통통배로 멀리 수평선이 진해지는 한낮까지 흔들리며 갈 때도 있습니다. 끝없이 작은 파도들과 부딪치며 삶의 잡다한 것들을 허공으로 내던져 버리는 일 그 후련함을 갈망하기 때문인지도 모르지요.
　수면 아래로 펼쳐져 있는 또 하나의 세상은 또 얼마나 경이로운 세계인지요. 언젠가 잠수함을 타고 바다 속을 관찰한 적도 있고 또 스킨 스쿠버 장비를 한 채 물고기와 함께 바닷속을 유영하였습니다. 바닷속에서 올려다보면 수면은 영락없는 하늘이었습니다. 구름이 떠가는 하늘이 아니라 바람과 파도에 따라 움직이는 물결치는 하늘이었습니다.
　그리고 또 물속은 얼마나 고요한지요. 아무런 소음도 없는 물속에서 각자 나름대로 열심히 사는 세상이 그 곳에 있었습니다. 꽃보다 아름다운 산호초와 갖가지 무늬의 물고기가 공존하고 무리를 지어 움직이는 물고기 떼는 마치 매스게임을 하는 것 같았지요. 말미잘 속을 파고드는 흰동가리를 보며 오묘한 조물주의 섭리를 느꼈습니다. 일사분란하게 유영하던 붉은 세줄박이 고기 떼가 커다란 유니콤 휘시 한 마리가 덮치자 혼비백산하는 모습도 보입니다.

그곳에도 생존경쟁은 있었지만 땅 위의 세상보다 훨씬 평화로워 보였습니다. 아름다운 물풀들과 산호 숲 그리고 바위가 어우러진 바닷속에 또 하나의 세상이 존재하는 것을 바라보며 눈에 보이는 것만이 다가 아니라는 것을 깨닫게 되었지요.

바다는 우리에게 많은 것을 줍니다. 갈매기의 날갯짓과 수면 위로 내려앉는 햇살, 먼지 하나 없는 신선함이 가득한 망망대해, 그것은 나의 고향과도 같은 것입니다.

그물 던지는 뱃사람들의 힘찬 팔뚝, 구릿빛 얼굴, 영차소리와 휘파람 소리 그런 것들에 섞여 만선으로 돌아올 때의 풍요로움은 마음을 들뜨게 합니다. 그러나 때로는 빈 배로 돌아오기도 합니다. 그것도 아주 나쁘지는 않습니다. 탐욕과 불평을 모두 비우고 한결 가벼워져서 오니까 괜찮을 겁니다. 결국 세상 모든 것이 아무것도 아님을 바다는 우리에게 침묵으로 가르쳐 주고 있다는 걸 또 한 번 느낍니다.

물새의 날갯짓이 바다 위를 오가는 것처럼 우리도 세상을 오가며 덧없는 몸짓만 계속하고 있음을 바다는 거울처럼 선명하게 보여줍니다.

부서지며 다시 물결로 돌아가는 파도처럼 사람들이 제아무리 높은 것을 향해 평생을 줄달음친들 그가 얻는 것은 결국 한 줌의 물결뿐임을 도도한 저 바다는 말없이 들려줍니다.

– 〈바다로 가는 길〉 중에서

김행숙 자신을 스스로 판단하여, "내가 다른 사람에 비해 조금이라도 다른 것이 있다면, 그것은 바로 무모한 용기가 아닐까 합니다."라고 토로한다. 그는 그만큼 새롭게 시도하고 창조하고 전환하기를 즐긴다.

그가 절정의 나이에 전공과는 아무 관련이 없는 제조 사업에 돌입한 것도 용기였고, 어느 고비에서 그것을 접고 돌아선 것도 용기였다. 그는 수시로 판단하고 끊임없이 개혁하는 사람이다. 그러나 그의 활동에는 사심이 없었다.

마치 가도 가도 끝없는 수평선, 무진장으로 펼쳐진 푸른 물결 위에 물결 따라 흔들리며 가듯이 그의 인생항해는 자유로웠다. 어느 지점에서 만족할 것인가를 알기 때문에 마음도 편안하였다. 갈매기의 날갯짓과 물결 위의 햇살, 바닷바람만 가득한 대해, 거기서 고독을 만나고 절대자가 내미는 손을 잡으면서 그는 자신의 존재가 얼마나 작은가를 깨닫는다.

동해는 탁 트인 수평선과 싱그러운 일출이 있어서 좋고, 서해는 생명의 창고인 개펄과 낙조가 아름다워서 좋으며 남해는 다도해의 옹기종기한 섬들이 정겹다. 그렇듯이 우리의 삶도 어떤 형태가 특별히 좋다고 할 수 없을 만큼 다양한 모습들이 제각기 의미와 가치를 가지는 것이다.

　물새의 날갯짓에서 덧없는 삶의 몸짓을 선명하게 바라본 그는, 인간이 아무리 높은 것을 향해 평생을 줄달음질쳐도 얻는 것은 결국 손가락 사이로 빠져나가는 한 움큼의 물결임을 바다를 통해 깨닫고 있는 것이다.

　고요한 바닷속은 아름다운 물풀들과 산호 숲이 어우러지고 우리가 살고 있는 지상 보다 훨씬 평화롭다. 세상은 육안으로 바라보는 것보다 거대하고 깊어서 우리가 쉽게 판단할 수 없다는 것도 그는 알고 있다.

　망망대해로 나간 뱃사람들은 고기잡이로 단련된 힘찬 팔뚝, 태양에 그을린 구릿빛 얼굴로 그물을 던진다. 그들은 만선의 기쁨으로 돌아오기도 하지만 때로는 빈 배로 돌아오기도 한다. 빈 배로 돌아올 때도 탐욕과 불평을 모두 비웠으므로 떠날 때보다 한결 가벼워져서 돌아올 수가 있다. 바다는 침묵으로 고기잡이에게 수시로 그러한 진리를 일깨워주었던 것이다.

5.

 사물에는 어디나 양면성이 존재한다. 이성으로 예리하게 분석하여도, 감성으로 개괄하고 통합하여도 그 어느 쪽도 미흡함이 존재하게 된다. 그것은 그늘과 양지처럼 일체를 이루고 있지만 어느 쪽으로 치우치면 금세 기울어진다. 투명하고 냉철하면 곧고 바름의 미덕으로 해석되기도 하지만 여백이 없고 메마르다는 말을 듣기가 쉽다. 융통성이 있고 부드러우면 경계가 분명하지 않아서 오류를 범할 수가 있다.
 그러나 김행숙은 서두에서도 잠시 언급하였지만 이성과 감성의 적절한 균형과 조화를 잃지 않으려고 한다. 그가 사업체를 운영하던 때나 문학인이 된 지금이나, 시를 쓰는 때나 수필을 쓰는 때나 그는 어느 한쪽에 치우침 없이 균형과 조화를 유지하고 있다.
 김행숙의 글은 따뜻하다. 그것은 김행숙의 사람됨이 무던하고 푸근한 것과 궤를 같이한다고 하겠다. 그가 인생과 인간을 노래하든 자연이나 조물주를 칭송하든 아니면 문화와 예술에 몰입하든 김행숙의 주요 테마는 생명에 대한 사랑과 감사다. 그리고 그 사랑과 감사를 알고 있는 자의 겸허한 행복이다. 그의 행복은 주황색 꽃이 피어오르는 등잔처럼 천천히 오래오래 진행되고 있다.
 그가 감사와 행복을 묶어서 처음 수필집으로 내놓은 ≪바다로 가는 길≫의 발간을 진실로 축하한다.
 우리가 알지 못하는 저 깊은 해저의 산호나 진주처럼 깊고 은은한 광채를 발할 것을 믿는다.

김행숙 신작에세이집
바다로 가는 길

인쇄 2014년 08월 12일
발행 2014년 08월 20일

지은이 김행숙
발행인 서정환
펴낸곳 수필과비평사
주소 서울시 종로구 삼일대로 32길 36(익선동 30-6 운현신화타워 빌딩) 301호
전화 (02) 3675-5633, (063) 275-4000 · 0484
팩스 (063) 274-3131
이메일 sina321@hanmail.net   essay321@hanmail.net
출판등록 제300-2013-133호
인쇄 · 제본 신아출판사

저작권자 ⓒ 2014, 김행숙
이 책의 저작권은 저자에게 있습니다. 서면에 의한 저자의 허락없이 내용의 일부를 인용하거나 발췌하는 것을 금합니다.
COPYRIGHT ⓒ 2014, by Kim Haengsuk
All right reserved including the rights of reproduction in whole or un part un any form.
저자와 협의, 인지는 생략합니다.
잘못된 책은 바꿔 드립니다.

ISBN 979-11-85796-12-3 03810
값 13,000원

> 이 도서의 국립중앙도서관 출판시도서목록(CIP)은 서지정보유통지원시스템 홈페이지 (http://seoji.nl.go.kr)와 국가자료공동목록시스템(http://www.nl.go.kr/kolisnet) 에서 이용하실 수 있습니다.(CIP제어번호: CIP2014023927)

Printed in KOREA